COLLECTION
FOLIO/ESSAIS

Georges Banu

L'acteur qui ne revient pas

Journées de théâtre au Japon

NOUVELLE ÉDITION
REVUE ET AUGMENTÉE

Postface
de Jean-Jacques Tschudin

Gallimard

Georges Banu travaille sur les relations entre le théâtre oriental et le théâtre européen. Il enseigne à l'Institut d'études théâtrales de l'université de Paris III-Sorbonne nouvelle et assure la direction artistique de l'Académie expérimentale des théâtres.

Ce livre, je l'ai écrit à la suite d'un séjour à Tôkyô et Kyôto grâce à une bourse d'études accordée par la Fondation du Japon. Je tiens à remercier vivement pour l'aide amicale qu'ils m'ont apportée Danièle Sallenave, Moriaki Watanabe, Michel Wasserman et Masao Yamaguchi.

Je remercie aussi Jean-Jacques Tschudin d'avoir accepté de se joindre à moi pour apporter un complément d'information historique que nous pensons utile à ce livre qui se réclame plutôt des règles de l'essai.

Séquences de l'excès

Ce livre se veut un livre de spectateur lettré. Ni exposé de spécialiste, ni journal de voyageur. Le spectateur lettré tient des deux, car il a une science, mais limitée et l'innocence qu'il garde encore ne l'entraîne pas pour autant jusqu'aux aveux. Le spectateur lettré, sans s'affranchir de l'attrait exercé par ces précipités purs que sont le savoir du savant et la liberté de l'amateur, rêve d'un conglomérat où, inextricables, ils coexistent, dialoguent, chacun tempérant la radicalité de l'autre. Les termes du couple se corrigent réciproquement, pour ne pas dire qu'ils se contrôlent. De la dynamique de cet enlacement, le spectateur lettré entend rendre compte en alternant le *je* et le *on* dans un discours volontairement bâtard, substitut à peine dissimulé d'une esquisse d'autoportrait en étranger.

Le spectateur lettré ne se présente pas démuni devant le théâtre de l'Autre, comme celui du Japon. Il en connaît les principes et les données, mais il ignore sa vérité matérielle, ses expressions particulières, son contexte, et seul le voyage lui permet de les saisir. De les voir. Il conjugue alors un savoir limité et une expérience passagère, mais, c'est, précisément, leur inachèvement qui facilite leur alliance. En allant au Japon je voulais voir ce que je n'avais pu lire et la scène devait prolonger ce que l'écrit avait tu. Prolonger ou nourrir ? Le concret, au théâtre, participe à l'avancée du savoir par son enracinement. On s'arrête alors pour explorer un gisement et, en même temps, à partir de là on peut s'égarer, se perdre : le concret de la scène alimente un savoir de même qu'il anime un imaginaire. Autant de raisons de le *voir*.

Le spectateur lettré circule dans le territoire du concret, mais il n'envisage pas d'en dresser la carte. Il n'en a pas les moyens, ni le désir. Il s'arrête devant les séquences de l'excès qui, seules, portent son regard à un tel degré d'intensité qu'il éprouve alors le sentiment de voir ce qu'il avait lu, mais élevé à son maximum de présence. L'excès grossit, déborde, dépasse l'information et enivre la vue. De là peut naître l'envie d'une parole. Les séquences de l'excès sont ses aventures à l'étranger dans le champ clos du théâtre. Il ne s'agit donc pas d'écrire un livre de plus sur le théâtre japonais, mais plutôt d'imaginer une constellation ayant pour foyer les séquences de l'excès, ces séquences où l'éblouissement de la scène nippone rencontre les souvenirs de la scène européenne.

Il y a, certes, une facilité qu'on peut nous reprocher dans le refus de proposer une perspective, d'organiser un ensemble, mais il y a, aussi, une volonté de respecter, à la japonaise, le détail. *Le détail cadré*, celui qu'on détache afin de l'approcher avec soin et minutie. Là où l'on miniaturise pour mieux concentrer le réel, on préfère *le regard de près*. Cette focalisation entraîne l'oubli de l'étendue environnante, du spectacle comme de la ville, et elle permet de saisir *le petit* — le petit non pas comme fragment, mais comme modèle concentré. Lorsqu'on dit que les Japonais sont sensibles à la beauté et insensibles à la laideur, on reconnaît à quel point ils savent isoler la beauté. Rien d'autre ne vient disperser l'attention. L'Occidental, qui a plutôt le sens de la perspective globale, a besoin de l'éloignement dans l'espace et dans le temps pour réaliser pareille délimitation. C'est pourquoi il fait de la cohérence d'une ville la valeur suprême, tandis que le Japonais la traite avec indifférence. Il sait inventer des univers autonomes qui se suffisent à eux-mêmes, et n'éprouve pas la nostalgie de la totalité. Des microcosmes. Le hai-ku est un concentré de l'univers et non pas un de ses éclats. Incertaines, les séquences de l'excès se placent dans un entre-deux : elles échappent aux pouvoirs d'un ensemble, mais par ailleurs elles ne se suffisent pas à elles-mêmes. La séquence de l'excès est plus qu'un fragment et moins qu'un hai-ku. Le tout et la partie, chacun incomplet, coexistent.

La séquence de l'excès surgit ici de l'actualité d'une scène orientale, mais elle reste ouverte à l'appel de ce dont nous nous sommes éloignés, sans l'abandonner pour autant : la scène occidentale.

L'excès permet leur contact passager. En le signalant ici ou là, on ne voudra pas obstinément réduire l'inconnu au connu et l'ailleurs au familier, mais on cherchera néanmoins ces ponts fragiles jetés par-dessus les creux de la séparation. Il ne s'agit pas d'une démarche essentialiste, mais seulement d'une quête des termes de contact afin d'échapper et à l'isolationnisme japonais et aux déterminismes de l'Occident. Pour un instant. Dans la fulgurance d'une scène, dans la rapidité d'un geste, dans l'épuisement d'un corps... Si l'excès réunit, sa vocation est de ne pas durer. L'écrit alors peut se donner pour défi d'en être la marque.

Le spectateur lettré fait sa raison d'être du passage et non pas de la synthèse. Dans les séquences de l'excès, comme sur des crêtes vertigineuses, il éprouve un instant l'excitation des alliances inattendues du Soleil Levant jusqu'au Soleil Couchant. Alors, le temps d'un souffle, le théâtre tout entier semble se refaire en lui. Pour se défaire ensuite. Tel un mirage. Donc, forcément, par leur nature même, les séquences de l'excès refusent les contraintes d'une architecture solidement articulée. Elles ne sauraient être autre chose que des déflagrations... dans l'univers tempéré du spectateur lettré. En en rendant compte il veut prolonger leur souvenir avant de revenir à soi.

Le théâtre japonais est à l'origine de ces séquences de l'excès. Si éparses soient-elles, une image qui me hante les relie, toujours la même : celle de l'acteur qui ne revient pas. Disparition que l'Occident ignore et que le Japon affectionne. Là, l'acteur qui s'éloigne nous invite à le regarder avec l'attention qu'on a pour les mourants. Pour ceux qu'on regarde une dernière fois. Avant que ce ne soit trop tard. Il faut fixer ce souvenir car il n'y aura pas de retour. L'acteur qui s'en va sans revenir annonce l'autre disparition. Celle, définitive, de la mort dont les ombres se laissent deviner à la lisière de la scène.

L'acteur qui ne revient pas

L'acteur, au Japon, sort et ne revient pas. Dans le nô c'est le shite, le fantôme incarné, qui sort le premier. Il emprunte le pont hashigakari et avant que le rideau se lève il marque un temps d'arrêt pour frapper le sol avec un formidable coup de pied qui résonne tel un grondement céleste[1]. Le shite, lorsqu'il s'éloigne, on le voit de dos ou, à la rigueur, de profil. Sa disparition est à l'opposé de sa venue, de face, comme si le spectacle se fermait sur lui-même. L'endroit et l'envers. On dit qu'une grande

1. Sa puissance acoustique est terrible grâce aux jarres posées sous le plancher et qui renvoient le son. Parfois le rideau se lève sans le moindre appel et le shite glisse alors derrière le rideau tout aussi aisément qu'il a accepté de répondre aux appels du waki, l'homme du coin.

sculpture est celle autour de laquelle on peut tourner, qui se laisse voir de tous les côtés. Et qu'est-ce que l'acteur de nô sinon une sculpture vivante ?

Le shite s'en va et ne revient pas. Il passe à jamais du côté des fantômes. A-t-il été entièrement de notre côté ? Au fond, il est resté pour toujours entre les deux. Un fantôme qui s'incarne, mais ne se dévoile pas. Masqué, il vient danser et chanter. Et les seules traces d'une présence humaine sont les mains et, entre le masque et le costume, la frontière du cou. Un cou ridé, des mains plissées... Il faut imaginer un être à partir de ces aveux. Je parle maintenant de la *connaissance* d'un corps, et non pas de la reconnaissance d'un acteur[1] dont la gravité de la voix, la maîtrise des postures, le sens de l'équilibre et le pouvoir de projeter des énergies disent la qualité. Ici on peut prendre la mesure d'un artiste, mais on ne peut jamais identifier un acteur.

Le shite se dirige irrémédiablement vers la sortie. Rien ne peut l'en empêcher. Rien ne peut le distraire. L'acteur ne prête pas la moindre attention à une assistance qui applaudit avec réserve. Applaudissements retenus, comme si le lieu ou le spectacle, on ne sait pas très bien lequel, les rendaient inconve-

1. En écrivant j'ai commencé par utiliser le mot *comédien* que j'ai ensuite rayé car il m'est apparu impropre pour le nô. Puis j'ai envisagé le mot *maître*, mais lui est trop cérémonieux et référentiel. J'ai fini par employer le mot *acteur* qui, au fond, ici, parvient à sa plénitude. D'ailleurs *le shite* du nô signifie précisément « celui qui fait ». Les acteurs japonais comme les acteurs occidentaux sont ceux qui agissent.

nants. On applaudit avec la conscience d'une transgression grave et en même temps avec le désir de témoigner, fût-ce discrètement, une satisfaction de nature esthétique. Les applaudissements plongent l'acte religieux dans l'ambiguïté. A Tôkyô comme à Paris. Car un dimanche à Notre-Dame lors d'un éblouissant concert d'orgue qui succéda à la messe de la veille de Noël j'ai entendu retenir les mêmes applaudissements. Applaudissements presque incongrus. Après le silence profond ces applaudissements timides rattachent le nô et le concert d'orgue au sentiment religieux autant qu'à l'esthétique.

La parenté va plus loin encore. Car l'acteur qui joue le shite et le musicien qui joue de l'orgue restent anonymes. On a admiré leur art, mais on n'a pas vu leur visage. L'acteur s'en va et ne revient pas, le masque à la main, comme dans un spectacle de Strehler ou de Mnouchkine. Strehler raconte même qu'il y a eu deux périodes, au Piccolo. La première où les acteurs jetaient le masque n'importe où dans les coulisses et revenaient tous seuls, et la seconde où ils revenaient accompagnés de leurs masques soulevés sur la tête. Le masque et le visage, les deux ensemble. Par contre l'acteur de nô ne revient pas pour révéler une identité qui, à elle seule, le temps des applaudissements, donnerait la priorité à l'esthétique. Néanmoins les applaudissements interviennent pour apaiser, pour moduler ce qui autrement resterait trop attaché au religieux. On applaudit celui qui incarne l'esprit revenant, mais, lui, l'acteur, ne revient jamais. Le spectacle s'achève sur cette énigme. Qui a joué? Qui est ce porteur inconnu de l'au-delà? On reconnaît aux applaudissements qu'il y a eu jeu, mais on continue à en ignorer l'agent. On reconnaît une fonction sans que pour autant celui qui l'a remplie se dévoile. Le shite de même que l'organiste de Notre-Dame font de l'anonymat leur vocation, vocation d'artiste sous le sceau du sacré. L'acteur de nô ne se re-présentant plus refuse ainsi que le profane apparaisse comme le redoublement du sacré. Car celui qui fut sur le plateau un fantôme ne peut y revenir en tant qu'individu. L'acteur ne saurait jamais se montrer comme se suffisant à lui-même. Sa légitimité vient d'ailleurs. Mais cette absence du corps reconnaissable s'équilibre par le prestige abstrait du nom dont jouissent les grands acteurs. En Occident on applaudit un corps qui se donne à voir, au Japon on célèbre un nom. Les noms de Moretti ou Soleri, les interprètes de l'Arlequin de Strehler, n'atteindront jamais le prestige de Kanze. A l'immédiateté des applaudissements qui saluent un succès de scène s'oppose la pérennité d'un renom qui nimbe une famille et ses descendants. Sa gloire dépasse le spectacle.

L'acteur de kabuki, lui non plus, ne revient pas. Mais avant de sortir il se pavane sur le hanamichi, le pont aux fleurs, en présentant sa plus spectaculaire manière de marcher, de loucher (signe de concentration), de rouler les mots. Si l'acteur de nô se retire, l'acteur de kabuki s'expose. La salle comble tourne alors la tête pour l'admirer dans son entière splendeur car son départ tient de ce qu'on pourrait appeler la fin glorieuse. L'acteur de nô s'efface, l'acteur de kabuki s'exacerbe. Et cette ultime image se fixe. Définitivement.

Dans tous les spectacles qui tiennent, de près ou de loin, à la tradition, l'interprète ne revient pas. Les manipulateurs du bunraku — quoi de plus anti-illusionniste! — se retirent, eux aussi, une fois pour toutes. Même ceux qui ont animé des marionnettes n'acceptent pas de regagner le plateau en raison de l'insupportable soupçon que les saluts entraînent. Là où a régné l'extrême distanciation on se dérobe à ce qui est pour l'Occidental sa manifestation la plus indiscutable : la présence sur scène en tant qu'interprète seulement. Celui qui a agi ne retourne jamais à découvert devant le public. L'Orient ne supporte pas cette autodénonciation. La fonction l'emporte sur l'identité, le masque sur le visage et le théâtre sur l'être singulier. Ici, disait Jan Kott, « la forme humaine ne peut être que passagère ».

Dans les spectacles japonais modernes si les interprètes acceptent de rester sur le plateau pour recevoir les applaudissements, ils n'acceptent pas pour autant de revenir. Ils s'immobilisent sur scène dans une pose presque sacrificielle jusqu'au dernier écho, mais ils se refusent au jeu des sorties et des retours. Au va-et-vient entre la scène et le hors-scène. Le grand danseur de butô, Tanaka Min, reçoit des fleurs, immobile, le dos voûté, mais il ne sort pas. On reconnaît ainsi le final, mais sans admettre pour autant la circulation entre le plateau et les coulisses, entre la vérité et le néant. L'acteur en ne sortant pas érige le plateau en lieu unique de vérité. Il ne peut le quitter que pour disparaître, que pour s'enfuir, que pour se retirer à tout jamais dans un espace qualitativement différent. Substitut de la mort.

En Europe, Genet fasciné par le sacré — fût-ce par son envers — demandait aussi que les acteurs de ses pièces ne reviennent pas. « Il faudrait qu'ils n'en reviennent pas, selon le sens que vous voulez donner à l'expression », écrit-il dans ses *Lettres à Roger Blin*. Lorsqu'on a eu accès à un autre monde on ne doit plus se présenter comme étant de ce monde-ci. L'acteur qui s'engage sur la voie du sacré accepte par là même le sacrifice de soi. Prix de la confiance dans l'au-delà de la scène. L'acteur qui ne revient pas trouve sa récompense ailleurs que dans les applaudissements soutenus qui ferment la représentation sur elle-même.

S'il y a une image du Japon que je vais garder c'est cette avancée vers un hors-scène d'où personne — acteur ou personnage — ne retourne. Qu'a-t-on vu ? Qu'a-t-on vécu ? Une fiction-événement. D'un côté l'acteur a repris des signes anciens qui remontent du temps, de l'autre, en se retirant pour toujours, il conserve au spectacle l'ambiguïté d'un événement. Un événement rituel. Le shite est le messager d'une réalité seconde qu'il n'entend pas dénoncer par son retour. Il s'en va et ne revient plus, passeur sans visage.

Tamasaburo, l'acteur parfait

« Qu'as-tu aimé le plus ? » ai-je demandé à un ami qui venait de visiter le Louvre pour la première fois. « La Joconde », avoua-t-il sans complexes. De retour du Japon, à la même question je répondrais comme lui : « Tamasaburo, la Joconde du kabuki. »

Chez les onnagata habituels — ces acteurs qui jouent des femmes — la présence du corps masculin ne s'efface pas intégralement, elle coexiste avec les signes de la féminité. C'est d'habitude ce qu'on salue selon les critères japonais. Pour cette raison Utaemon fut adoré. Chez Tamasaburo, par contre, cette coexistence du masculin et du féminin cesse d'être saisissable pour ne plus persister que mentalement. Et l'ambiguïté, comme devant la Joconde, règne. Elle nous entraîne dans le vertige de l'illusion que seule la pensée vient apaiser. Si les autres onnagata *citent* la femme avec ce que cela suppose comme distance par rapport à la réalité, Tamasaburo, lui, l'*incarne* dans son essence même. Le corps s'interdit toute stabilité et Tamasaburo alterne des pas précipités avec des arrêts sur image dans un déséquilibre à la limite de la chute. Il se penche, se courbe, se brise, bref grâce à la souplesse de sa colonne vertébrale il rend passagère toute verticalité. Ainsi, par ces vibrations, la femme apparaît comme un être perpétuellement en proie à la cassure, à la destruction. C'est la vision de la femme japonaise que le corps de l'onnagata de génie parvient à matérialiser.

Lorsque j'ai vu Tamasaburo pour la seconde fois j'étais loin, dans une loge qui surplombait légèrement la salle et à son apparition sur le hanamichi, ce pont aux fleurs qui traverse le public, je n'apercevais pas ses pieds. Il me semblait qu'il flottait au-dessus de la tête des spectateurs pareil à une poupée de bunraku qui ne touche pas la terre, comme disait Claudel. La femme revêtait l'aspect d'une marionnette manipulée par un pouvoir invisible et alors, grâce à l'art de son corps, Tamasaburo rappelait les origines du kabuki que certains supposent issu des formes primitives des danses de poupées.

Tamasaburo éblouit, mais outre la maîtrise du langage cela ne vient-il pas aussi de la qualité de son corps léger, frêle, nerveux ? Est-ce qu'en Occidental je ne suis pas fasciné par le contrôle des signes autant que par l'assimilation « réaliste » au corps de la femme ? Sans doute, il n'est pas facile de fuir l'héritage de la mimésis, même si elle est ici violemment attaquée par la convention. Je me suis souvenu au Japon des photos de Mei Lan-fang, le grand acteur chinois qui étonna Brecht à Moscou en 1935. Il était beau, mince, élégant comme Tamasaburo maintenant. Brecht n'a-t-il pas été sensible à toutes les techniques de distanciation en raison aussi du corps de l'acteur qui incarnait des femmes ? Aurait-il réagi pareillement face au corps d'un vieil acteur, épais, massif, aurait-il subi la révélation d'un langage conventionnel sans la beauté réaliste d'une silhouette ? La question me revient à l'esprit quand je vois *Le Héron*, nô où un adolescent à la taille gracile danse le vol de l'oiseau. Si l'acteur lourd, au cou ridé qui joue une femme fait surgir par la beauté de la danse l'émotion du théâtre, l'acteur jeune qui atteint la perfection (est-ce un leurre d'Occidental ?) éveille, lui, l'émotion du personnage. Pour moi, je le reconnais, le plaisir théâtral s'accroît dès qu'à l'art du jeu s'ajoute la concordance entre la nature d'une fiction et la vérité d'un corps. Dans cette appréciation persiste, sans doute, le souvenir de la mimésis. Une mimésis sur fond de convention. Réciproquement tempérées.

Dans le kabuki on pratique parfois, avec un art extrême, la jonction qui peut nous sembler bâtarde — souvenir des origines où kabuki et bunraku étaient encore proches — du dramatique et de l'épique, d'un *je* et d'un *il*. A la fin d'*Asagao Nikki* Tamasaburo joue du shamisen et chante le désespoir d'amour d'une jeune amante aveugle, tandis qu'à côté un récitant crie pathétiquement la même souffrance. Leurs voix s'entrecroisent, se répondent, s'enlacent : la voix du dedans et la voix du dehors, le personnage et le conteur, le subjectif et l'objectif. Mais à cela s'ajoute de surcroît la confusion de l'onnagata où l'homme joue une femme. Le personnage ainsi montré n'a pas la consistance illusionniste du personnage occidental : il est d'emblée sous le signe du doute, doute qui chez Tamasaburo rend la fiction lyrique. L'homme chante la détresse d'une femme et un autre homme lui répond en s'accompagnant au shamisen. Illusion et distance ne font qu'un et de leur simultanéité jaillit un miracle de théâtralité : le miracle de l'émotion imitée comme si elle était vécue — l'être donne quelque chose de lui-même dans toute imitation accomplie avec justesse disent les traités japonais — et de la parole qui la raconte avec émotion. Émotion dramatique et émotion épique sur fond de convention théâtrale.

Le maniérisme de l'onnagata

Deux livres ouverts, deux images se répondent, deux visages s'apparentent dans leur légère inclinaison : *La Madone au long cou* et Tamasaburo, l'onnagata, qui, chaque fois, rappelle la peinture. L'acteur maniériste, c'est lui. Son exemplaire incarnation.

De passage à Paris, Tamasaburo a aimé dans le théâtre français « son goût pour la décadence ». Décadence qui fait apparaître une beauté artificielle, défi lancé à l'utile. Pour lui le théâtre commence lorsque ce qui semble être de l'ordre du nécessaire a trouvé sa solution, car « alors on peut se maquiller librement et c'est beau. On peut se mettre du rouge à lèvres et c'est beau aussi. Pour réaliser quelque chose d'artistique il faut être décadent, aller au-delà du quotidien. Mais seuls les hommes sont décadents, jamais la nature. Ni les animaux. On peut dire que la guerre est une décadence de la société, moi, je préfère l'autre, celle de l'art ». Et sur le plateau il construit une expression du beau qui rejoint les codes maniéristes, codes souvent rattachés à la décadence. Autant qu'à la gratuité.

Tamasaburo, en kimono, me montre le mouvement de son dos qui a la souplesse du saule, car l'onnagata doit toujours se plier, être penché, se courber, se déséquilibrer : la fameuse *linea serpentinata* maniériste agite son corps. Corps jamais droit — la verticale est permise seulement pour rappeler qu'il y a un homme derrière la femme — corps soumis, corps oblique, corps qui ploie ou tourne sans s'écarter des critères du beau. Corps d'art. Corps qui ressuscite « cet idéal de femme que je porte en moi, dit-il, et dont j'entends saisir l'expression suprême ». Comme le peintre maniériste veut capter le « *disegno* » intérieur.

Le maniérisme de Tamasaburo, on doit le dire, ne provient pas seulement des exigences de l'emploi, mais tout autant des qualités de son corps. L'onnagata n'est pas maniériste a priori, c'est cet acteur-là qui le rend ainsi. Tamasaburo procède à « l'élaboration d'un corps féminin au moyen de son propre corps » afin d'en proposer l'image parfaite. Non, ce n'est pas la distance qu'il donne à voir,mais l'illusion qui, pour lui, ne peut venir que du faux : sa vocation, il l'assume comme une vocation du faux. « On ne vient pas au théâtre pour voir un caractère, dit-il. Si on le cherche on doit le chercher dans la vie. Au théâtre, la nature on ne peut la montrer que construite. Moi, je pars d'une image mentale que je cherche à atteindre car il faut savoir nourrir le rôle en s'appuyant sur une image. De l'extérieur vers l'intérieur, c'est le chemin que je suis ». Si on lui rappelle l'histoire d'Utaemon V qui, sous la pression de la modernité, s'était fait poser deux seins postiches, Tamasaburo rit : « Oui, on peut le faire, mais seulement pour les enlever et les jeter en l'air pendant le spectacle, l'un après l'autre, pour dire que tout est faux, faux. » Le faux n'est-il pas le principal symptôme du maniérisme pour qui seul l'art en tant qu'artifice compte?

Tamasaburo pose et ses poses sont mémorables. Elles renvoient toutes à ce maniérisme japonais, plus tardif, qu'incarnent les fameuses estampes de ukyo-e. La même subtile ondulation, le même goût pour le décentrement, la même pliure des genoux, car cet onnagata de génie, on l'a dit, fait renaître des souvenirs d'art (parfois il les cite même) autant qu'il engendre des photos virtuelles : sa plasticité le rend photographiable à tout instant. Mentalement photographiable. La séduction, le combat, l'ascension — autant « d'événements épiques », dirait Brecht, mais aussi autant d'images. Images classées, répertoriées, images qui scandent le cours de la partition pour se fixer tels des moments d'éternité. Ce sont des *poses* et le maniérisme a adoré justement la fixité accomplie de la pose, de cette expression non naturelle et sublimée du corps. Mais la pose ne surgit pas d'une subjectivité, d'une invention, bien au contraire, elle est le fruit d'une variation des codes corporels connus, hérités, que l'onnagata, tel le peintre maniériste, subvertit tout en les poussant jusqu'à leur ultime expression.

Mishima, il y a longtemps déjà, a comparé Tamasaburo à « une statuette de porcelaine » ; mais ne dit-il pas ainsi la fragilité autant que la froideur, attributs essentiels de ces madones du Parmesan ou de Bronzino qui, presque sans exception, témoignent d'un rêve de beauté où l'élégance l'emporte sur le trouble et le frémissement sur l'aveu : corps d'art car corps maîtrisés.

Le maniérisme affectionne l'emblème, le chiffre, bref le secret qui exige la lecture, voire l'interprétation. Derrière l'image se profile chaque fois la grille, car cet art appelle le savoir et l'examen savant : il est à l'opposé du naïf. L'onnagata aussi, car l'angle du regard, la posture d'une main, la voûte du corps désignent un statut, un état, mais à cette différence près qu'ils peuvent être partiellement perçus même en méconnaissant le code original : ces mouvements, encore rattachés au réel, en gardent la trace et permettent l'approximative lecture. Pour l'Occidental, l'onnagata, à l'opposé de l'acteur de kathakali, ne présente pas un langage tout aussi fermé, car sa partition est plutôt un conglomérat disparate de signes codés et de bribes d'expression quotidienne. Entre eux s'exerce un effet d'éclaircissement réciproque.

Le corps de l'onnagata ne se présente pas comme corps codé, mais comme corps artificiel où « réalisme et convention s'enlacent à des pourcentages différents. Selon les rôles et les œuvres », avoue Tamasaburo. Ici l'art domine tout et de là vient sans doute le sentiment que le corps maniériste ne saura être, pour toujours, que corps intérieur. Corps de la clôture.

Au Japon, l'onnagata fut, semble-t-il, à l'origine du kimono à manches longues, à l'aide duquel il danse tout en déployant des gestes rendus ainsi plus plastiques encore. Patrick Mauriès remarque l'importance du costume pour les peintres maniéristes chez qui « le vêtement d'apparat supplante l'architecture robuste des corps par celle plus délicate... de la dentelle, du damas et du velours de Gênes ». Les acteurs de Mesguich ne sont-ils pas toujours habillés ainsi, car, en maniériste, il aime tout autant la noblesse des matériaux que leurs ressources graphiques. Le corps se meut, le costume le suit et l'exalte.

L'acteur maniériste impose à la voix les mêmes exigences non organiques qu'au corps. De cette cohérence-là vient le goût pour les sauts vocaux et les ruptures de registre, les tons rares et les syncopes. Là, plus encore, on assiste à ce que certains ont appelé « la régression du monde organique » dans l'art maniériste. Art du faux, de la volute, de la courbe et de la digression. Ces voix-là, ne sont pas des voix de la nature; elles participent de la construction des êtres artificiels, des êtres de langage. Voix hautes, voix ambiguës qui perturbent les frontières du sexe, celles du personnage ou du comédien. Elles plongent toujours l'auditeur dans l'incertitude. Tamasaburo avoue son « amour admiratif » pour Garbo car il y voit l'expression d'un être à double identité : elle serait l'onnagata de l'Occident, de même que lui est la Joconde de l'Orient. Tous deux aussi flous, aussi incertains. L'acteur maniériste se présente comme « un sujet clivé », à identité flottante. « Quand je joue je ne sais plus si je suis homme ou femme », dit Tamasaburo.

Le visage de l'onnagata est souvent muet, tandis que les bras parlent. Sans réticence, ni censure. Ils se dressent en l'air, s'agitent, se tordent, s'écartent, se retrouvent en déployant la dimension calligraphique de ce jeu. Si les bras bougent, les mains savent s'alanguir toujours avec « une connotation aristocratique » ou se poser sur un livre. La main épouse la pensée de même que le mouvement secret du personnage. « La manière c'est un jeu de mains. » « Et leur expressivité, précise Tamasaburo, est mise en valeur par un décalage léger, à peine perceptible, par rapport à la musique. Ce décalage est poétique, c'est presque le même décalage que l'on doit instaurer par rapport à la vie. » Les mains transcrivent la fièvre du dedans.

L'acteur maniériste ne saurait être seulement féminin, car il est condamné à la jeunesse ; elle tient à part entière à sa définition. *Le dit d'Ayame*, le précise bien dans l'ultime chapitre, conclusion de son enseignement : « Aurait-il plus de quarante ans, l'onnagata porte toujours le nom de "jeune onnagata". Qu'on se soit soucié, alors qu'il aurait suffi de dire plus simplement "onnagata", d'ajouter ce mot "jeune", signifie que l'onnagata doit toujours veiller à ne pas perdre son esprit de fraîcheur et d'éclat. Cela semble peu de chose, mais ce seul mot de "jeune" est de la plus haute importance pour l'onnagata. »

Oui, mais Tamasaburo ajoute : « Mishima a écrit pour moi une pièce que j'ai jouée il y a vingt ans. Je pense que je peux encore la jouer. La jeunesse tient de l'art, et comme dans notre art il faut être adulte, elle ne peut être limitée à l'âge. » Il s'agit d'un âge, mais aussi d'un esprit et quand celui-là s'achève celui-ci doit perdurer, sans quoi l'éclat maniériste s'éteint. C'est ce dont il a peur aujourd'hui lorsqu'il murmure : « Mon temps d'acteur est passé. »

Les jardins secs et « le théâtre de chambre »

Le jardin sec, lorsqu'on le découvre, surprend par ses dimensions, car sa petitesse contraste avec la renommée qui le précède. Un étonnement qui rappelle celui provoqué par certaines toiles de Dali qu'avant de les voir on imagine toujours plus vastes. Alors le premier temps est consacré au recadrage de cette étendue qu'est le jardin sec. A la concentration du champ.

Le jardin sec se laisse investir par l'esprit et en même temps il s'empare de lui. Là où de l'homme il ne reste que le mouvement de rateau qui a disposé le gravillon, les pierres, elles, semblent appartenir au lieu bien qu'en réalité leur disposition obéisse aussi à une logique subtile dont les grands artistes fondent les principes. La surface presque blanche, organisée par des rochers épars, n'a pas de centre, ni de mouvement articulé, mais elle est, par contre, cadrée. Un mur la ferme sur deux côtés tandis que la véranda du temple, l'engawa, achève le rectangle dont le quatrième côté reste souvent flou. L'espace du jardin est tout à la fois sans marge et délimité. Un espace presque vide qui dit sans cesse le retrait de l'homme pour mieux s'ouvrir à celui qui regarde. Ici, c'est avec les éléments de la nature qu'on réalise une œuvre conceptuelle, et de cette translation vient aussi le pouvoir des jardins secs.

Là, sur le bord du rectangle une image pointe : celle du « théâtre de chambre » de Vinaver où les répliques s'espacent comme les rochers sur le gravillon japonais, où entre les mots à peine formulés s'étalent des plages de silence. Et, par retour, je commence à regarder le jardin sec comme un « jardin de chambre »... Entre deux espaces, deux cultures, les métaphores surgissent et, si elles sont justes, elles finissent par laisser apparaître des questions communes, des réponses qui se ressemblent. Ces ponts fragiles témoignent, au-delà d'indéfectibles différences, d'une amorce d'unité qui tempère un sentiment d'insularité souvent érigé par les Japonais en isolement définitif et indéchiffrable. Il ne s'agit pas de le nier ni de l'exacerber, mais seulement de l'apaiser en pensant par exemple au « théâtre de chambre » face aux jardins secs. De l'usage ontologique de la métaphore... Cela explique la fréquence du *et* ou du *comme* ici, car il s'agit plus d'affirmer un lien, souvent imaginaire, que de décrire un état ou un art. Si les « mythes se re-pensent entre eux », comme le disait Lévi-Strauss, les théâtres aussi[1].

1. Eugenio Barba qui adhère à cette idée écrit dans un livre récent : « Les théâtres ne se ressemblent pas dans leurs spectacles, mais dans leurs principes. »

Les vêtements larges

Un après-midi en voyant un jeune acteur de kabuki je me suis souvenu de la métaphore des « vêtements larges » qu'emploie Brecht pour dire la relation aux signes du comédien chinois. Les signes l'attendent, dit-il, comme dans une loge de vieux et larges vêtements dont les premiers propriétaires seraient morts depuis longtemps. Ils sont là, intacts, ayant échappé à l'usure, prêts à être encore une fois revêtus par le jeune acteur. Ils ne portent pas atteinte « à la personnalité de celui qui les reprend », mais exigent seulement un apprentissage en vue de leur maniement correct. Le passé n'étouffe pas, il accompagne le corps présent, libre de se mouvoir dans de « larges et vieux vêtements », ceux que la tradition a préservés.

Brecht décrivait bien ces habits de gestes et de sons, « ils sont amples, impersonnels, vagues, en quelque sorte ». Le corps y est à l'aise. Ici à la largeur s'ajoute l'anonymat. « Impersonnels » — les traces se sont effacées, mais pas pour autant le souvenir des origines. On ne se rappelle plus les êtres pour se rappeler les commencements. Les signes-vêtements se distinguent par leur ancienneté — ils disent le temps — et aussi par leur état. Point de dégradation ou de ruine : comme toujours l'Orient dispense des leçons de conservation, car, on le sait, il est habité par le culte de l'objet intact qui a vaincu le temps et non pas par celui de l'objet fêlé qui montre le temps.

Dans ces « vêtements anciens » c'est le grain subtil de la présence qui éclôt comme si le corps, pour se manifester, intégrait le temps pour parvenir, dans un éclat de beauté, à aller au-delà. La largeur lui permet de se manifester et la mémoire l'inscrit dans la progression d'un art. C'est blotti dans son cœur que l'acteur s'entraîne pour parvenir à se manifester, car ces signes larges et anciens mettent à l'épreuve son désir de s'exprimer autant que son corps. Ils vérifient la force de son identité. Sans eux, comme disait le grand maître chinois Mei Lan-fang que Brecht a adoré et les Japonais admiré, l'acteur « serait capable d'inventer des choses qui viennent de sa tête ». Il ne peut jamais se présenter comme source, mais comme courant qui empêche qu'elle tarisse.

La journée de théâtre

Le Japon, de même que la Grèce antique, aime la journée de théâtre. Zéami en parla et même aujourd'hui le nô ou le kabuki se dérobent à l'œuvre unique au profit de la série et sa combinatoire. Au fond ce à quoi on nous convie c'est à un programme qui se fait une obligation de l'alternance des registres, de la multitude des œuvres selon la célèbre norme de jo-ha-kyu. Ce qui est séparé pour les genres, se trouve réuni dans la constellation d'une journée : le tragique et le comique, le nô et le kyôgen, la danse et le chant. On envisage le parcours d'une journée non pas selon les normes d'une cohérence, mais, bien au contraire, selon celles de l'hétérogénéité apparente qui doit s'articuler dans un mouvement dont l'accélération est la loi. On réunit des formes et des approches distinctes qui se succèdent tout en préservant leur autonomie : elles ne se fondent pas les unes dans les autres. A la fusion elles préfèrent la contiguïté, qui est l'hypothèse ancienne de la coexistence des contraires. Au fond c'est la journée de théâtre, et non pas une œuvre seule, qui conjugue ce dont Shakespeare fait, indistinctement, la matière de son théâtre.

Brook a su retrouver cette alternance primordiale respectée dans les amphithéâtres grecs et dans les salles japonaises d'aujourd'hui lorsqu'il a couplé l'*Os*, farce africaine, avec *La Conférence des oiseaux*, récit initiatique d'inspiration souffie. « Sans l'*Os* pas de *Conférence* », aimait dire Bruce Myers, un des acteurs, car ce que Brook restituait ainsi ce n'était pas uniquement la tradition, mais aussi sa manière de combiner le haut et le bas durant toute une journée dont le programme, à l'abri des exclusions, met ensemble des œuvres appartenant à des registres différents. La journée de théâtre se place entre l'interpénétration élisabéthaine des genres et la pureté française : elle assure la séparation sans supprimer pour autant les contacts. Son modèle est celui des corps chimiques qui ne se dissolvent pas l'un dans l'autre, mais qui peuvent coexister dans un régime autonome strictement respecté. Un programme de théâtre au Japon pousse à apprendre et accepter le passage d'une entité à une autre, sans réclamer pour autant leur réciproque absorption. De même qu'autrefois en Grèce.

L'espace poli et neuf

Une amie coréenne me dit : « Les Japonais ont tout pris chez nous pour le polir ensuite. » Il y a chez eux, certes, une fascination de l'objet poli, lisse, sans accident, ni nervure. Sur la surface de la scène de nô les pieds glissent dans un mouvement continu, fluide et la légende raconte qu'un grand maître se déconcentra le jour où il aperçut sur le plateau un petit caillou. Rien n'entrave ici la souplesse des déplacements qui s'enchaînent sans la moindre secousse : seul le plancher poli permet une pareille démarche. Le nô impose la poétique du sol net, pareil au dojô des arts martiaux, où le pied de l'acteur ne doit jamais perdre le contact sur fond de stabilité, sans la moindre oscillation.

Un jour qu'un acteur de nô voulait montrer quelques figures de danse sur un sol couvert de nattes, la séance a tourné court en raison de l'impossibilité de marcher selon les normes. Dans le nô tout se tient et sa perfection est due aussi à cet art de relier les termes de la représentation dans un ensemble parfait.

Parfois, sous l'influence du kabuki, on apporte sur la scène de nô des éléments de décor qui, métonymiquement, renvoient à un espace du monde : un jardin, un temple. (Il y a là un effet réaliste minimal, qui reste, au fond, étranger au nô.) Sur la surface-miroir de la scène de nô qui renvoie le reflet de l'acteur, on pose une cloche, un autel, des branches de cerisier, mais, une fois le nô achevé, toujours avant que les interprètes sortent, on enlève ces accessoires. Quelquefois, comme dans un nô donné en plein air à la montagne, des femmes viennent même nettoyer la scène. Tout doit rester pur, propre. De même, à la fin d'une cérémonie de thé on procède au lavage des ustensiles (ensuite ceux qui ont participé au rituel se précipitent pour apprécier leur rareté) afin qu'elle revienne au point initial, prête pour un nouveau cycle. Les objets ne doivent pas garder la marque de ce qui fut.

« Les Japonais lavent même le ciel », disait Michaux. Mais ce qui l'exaspérait dans la vie, peut séduire au théâtre. Quand il n'y a nulle trace sur le sol après un programme de nô on a l'impression que tout peut recommencer, que nous sommes revenus au début. Mais, au fond, y a-t-il eu vraiment représentation ou bien était-ce seulement un rêve dont la scène ne garde aucune preuve ? Tout s'est évanoui. Et, certainement sous l'influence de la représentation traditionnelle, de nombreux metteurs en scène occidentaux aiment qu'à la fin le sol du plateau reste net. Leçon d'anonymat du théâtre... il fait disparaître la marque de son passage. Son état d'art fugitif se voit ainsi encore plus affirmé car le nô se rattache à ces seuls arts qu'acceptait Kashiwagi, le personnage du *Pavillon d'or*, les arts dont la Beauté ne dure pas. « Cette Beauté si brève qui... change un instant en pure durée; jamais on ne la reverra; comme ces êtres qui ne font que passer, comme les éphémères, elle est émanation pure, abstraction parfaite de la vie même. »

Le Japon a le goût des objets anciens qui sont restés intacts. Mais lorsqu'il y a détérioration, fût-elle limitée, on procède sans faute à la remise en état. Temples ou costumes, pagodes ou scènes de nô obéissent au même impératif. Dans le théâtre de nô le bois neuf brille et nulle tentative de vieillissement artificiel n'intervient. De même pour les costumes. Le modèle du plateau ou l'arrangement du costume sont réglés depuis des siècles, mais les matériaux, eux, avouent sans hésitation leur fraîcheur. L'art est ancien, mais non ses outils.

Il est probable que les spectateurs japonais n'apprécieraient pas les Bouffes du Nord et ses blessures, mais ils adoreraient le théâtre de Vicence conservé intact : non pas le théâtre marqué par le temps, mais le théâtre qui a vaincu le temps. Les cicatrices du temps, pour un Japonais, sont impudiques. On les fait disparaître chaque fois. Car les objets aussi bien qu'un temple ou une scène doivent apparaître comme éternels. Ils entretiennent avec le temps une autre relation que les êtres.

Mon père disait : « le temps embellit tout sauf l'homme ». Propos d'Occidental qu'on refuse au Japon. Ou plutôt qu'on renverse, car là-bas on rêve d'une durée qui ne laisse pas de traces sur le masque ou sur le plateau tandis qu'on s'incline avec respect devant la vieillesse des corps. On aime les rides, mais on déteste les fêlures.

La place et le chemin

Augustin Berque dans son livre *Vivre l'espace au Japon* distingue la culture occidentale comme culture de la place de la culture japonaise comme culture du chemin. Cette dichtomie peut s'opérer aussi au niveau de la scène qui sert non seulement de « chronique abrégée » du temps, comme disait Shakespeare, mais aussi d'expression concentrée de l'espace. Qu'est-ce que « la plus belle scène du monde » — celle du Théâtre de Vicence — sinon une place, pareille à celle des villes italiennes, vers laquelle mènent toutes les rues ? Et quel est l'élément matriciel de l'espace du nô ou du kabuki sinon un pont, un chemin ? Dans le nô il y a le hashigakari, pont bordé de pins qu'empruntent aussi bien le waki, personnage médiumnique, que le shite, fantôme qui s'incarne. Ce pont-chemin sera repris par le kabuki, mais qui le jettera par-dessus les spectateurs afin que les comédiens puissent le traverser vertigineusement, s'exposer avec éclat ou sortir en affichant une démarche spectaculaire. Le hanamichi, le pont aux fleurs, c'est un chemin d'acteur. Chemin sur lequel il s'arrête au 7/10e du parcours dans une pose qui fait exulter l'assistance : là, tout près de la scène, c'est l'endroit où les regards se focalisent (on dit même que l'acteur de kabuki serait 3/10e homme et 7/10e monstre. Son identité s'organiserait selon les mêmes mesures que son chemin d'acteur, le hanamichi. La division du tout en 7 et 3 porte un nom : shichi-san). Dans le nô c'et le premier pin qui sert de point de concentration. Pour ces chemins du théâtre, en esprit japonais réfractaire à la symétrie, on n'érige jamais le milieu en foyer qui capte l'attention et l'acteur fait chaque fois état de son art à un endroit qui ne coïncide pas avec le centre. Toujours le même refus. De même que sur un tableau ou dans une ville.

Le pont, insiste Masao Yamaguchi, détient un rôle primordial. C'est là que se passent tous les actes importants, dans le nô comme le kabuki. D'ailleurs, les jardins aussi nous rappellent sans cesse la valeur du pont — soit reconstitué, soit suggéré à l'aide d'une pierre, mais jamais miniaturisé — comme si l'essentiel ici se rattachait à l'expérience du passage, de la traversée. Et aujourd'hui, à Paris, un artiste tel que Claude Régy, devrait faire appel aux ponts du Japon pour aider les acteurs dans cette traversée incertaine des coulisses vers la scène qui le passionne tant. C'est son rêve, mais il ne dispose pas d'un tel espace intermédiaire, chemin qui relie le dehors et la scène, l'extérieur du monde et l'intérieur du théâtre. Meyerhold pour *L'Orage* d'Ostrovski l'a utilisé. Reinhardt aussi, mais il est resté chaque fois comme élément rapporté car l'Occident préfère la netteté des frontières à l'imprécision des passages. La place, jamais le chemin.

La scène occidentale s'organise selon le modèle de la place et Brook autant que Strehler la traitent comme telle : elle est lieu de rassemblement, de socialité, mais elle est aussi lieu de l'*événement*. Là, pour paraphraser Claudel, « quelque chose arrive », tandis que sur le chemin de la scène japonaise « quelqu'un arrive ».

L'horizontale et la verticale

La scène occidentale s'est épanouie sur la verticale. Une verticalité dissimulée, car on ne voit point les cintres d'où tout peut venir et où tout peut se retirer : les décors comme les gens. Au-dessus du manteau d'Arlequin s'ouvre le territoire du *Dieu caché* dont le théâtre à l'italienne reste indissociable. Son développement sur la verticale conduit vers un au-delà que l'Europe chrétienne a fini par imposer comme son expression scénographique. Le lieu du théâtre est la spatialisation immédiate, visible, lisible d'un univers spirituel.

Le Japon ne connaît pas les cintres et la scène de kabuki vaste, d'une largeur illimitée, s'étale à l'horizontale. Elle s'ouvre au monde et se refuse à la dualité de l'être-là et de l'au-delà : la scène de kabuki refuse la surveillance du monde. C'est une étendue indistincte, réfractaire au jugement extérieur. On ne juge pas le réel, on ne le casse pas non plus, on l'embrasse dans son intégralité. Et cette horizontale cinémascopique, étrangère aux appels de l'au-delà, s'érige en espace de l'acceptation. Tout se joue ici sans exclusion, ni avertissement. L'arbitrage ne peut être que le fait des humains et ainsi, dans l'absence de tout jugement divin, on s'installe alors dans le règne de l'appréciation éthique sur la base du code qui fonde le consensus du corps social.

Si Souriau oppose le cube et la sphère, nous, aujourd'hui, nous pouvons opposer la verticale et l'horizontale. Le cube et sa verticale concentrent le regard tout en renvoyant à un espace autre, invisible, de nature différente, qui le surplombe tandis que la scène panoramique et son horizontale invitent à la découverte du monde où les plans coexistent, les destins se croisent, où le regard se promène. Brecht a renoncé à la verticale, mais il a maintenu la solidité du cube comme lieu de la démonstration. Stein aujourd'hui, plus sceptique, a étalé le théâtre sur l'horizontale et que ce soit pour Gorki ou pour Tchekhov, tous deux indifférents à l'au-delà, il nous invite à parcourir librement cet espace de la cohabitation et de la permissivité.

Le cube s'organise autour de l'homme et de sa présence : l'être humain en est le centre. Mais l'œil divin l'observe. L'étendue de la scène de kabuki, par contre, relativise la présence de l'homme en le plaçant, comme sur les longs rouleaux épiques, les èmakimono, au même niveau que les montagnes et les eaux, les saules et les rochers. C'est l'intégration de l'homme au monde et non pas son retrait. A l'anthropomorphisme du cube l'horizontale panoramique oppose l'animisme, et à la dualité la pluralité. Ici point de salut divin et point de centre.

La scène du kabuki ou du bunraku refuse la qualification, mais non pas la division. La représentation ne construit pas chaque fois son ordre à partir de trois termes qui régissent la scène occidentale — le haut, la droite, le centre — mais l'espace est déjà organisé afin d'incorporer les différents interprètes suivant leur mission : chant, jeu, accompagnement. Cela explique l'hétérogénéité de cette étendue qui, ainsi, révèle spatialement le mode de production du spectacle. Le cube fait de l'acteur son principal agent, la scène panoramique, par contre, se refuse à de pareilles priorités. Non seulement le monde, mais aussi le théâtre échappe alors aux hiérarchies engendrées par la verticale et le centre. Ici, de même que sur la scène épique telle que Bernard Dort l'a décrite, l'espace se décompose en bandes dont la succession n'entraîne aucun jugement, ni valorisation. La scène de kabuki est dépourvue de son ancien principe hiérarchique aujourd'hui oublié. Et ce n'est pas le moindre des paradoxes, lorsqu'on se rappelle que la société japonaise valorise toutes les structures verticales tandis que la société occidentale tend à diminuer leur portée. Le théâtre serait-il ce contre-pouvoir qui durant la représentation vise à équilibrer le modèle social plutôt qu'à être son icône ?

Seuils et coulisses

Au théâtre, il faut résoudre les entrées et les sorties. Tâche prosaïque, mais impérative! Comment accéder à la scène? Comment la quitter?

L'entrée et la sortie renvoient à une autre question, celle qui concerne le pourtour du théâtre, ses frontières. Où s'arrête la scène et où commence le monde? Sont-ils tangents ou imbriqués, sont-ils écartés ou apparentés? Si l'on se demande par où l'on entre, la réponse dépend d'une autre décision, celle qui concerne la topographie extra-scénique. D'où arrive-t-on? Du monde que l'on suppose se trouver dans la continuité du plateau ou de l'espace neutre des coulisses, no man's land entre deux entités distinctes? Le théâtre réaliste s'efforce toujours d'élargir son territoire afin de laisser entendre que le personnage abandonne la scène pour réintégrer un espace du réel où son destin se poursuit. De là vient sans doute l'attention portée au second plan, celui que l'on aperçoit lorsqu'une porte s'entrouvre ou que le rideau d'une fenêtre se tire. De la scène jusqu'aux coulisses s'amorce une progression en dégradé qui cherche à atténuer les ruptures et à ménager les transitions. Comme si, entre la scène et le hors-scène, ce qui diffère ce n'était pas la nature des espaces, mais uniquement le degré de densité du réel. Cela explique d'ailleurs le soin porté au glissement subtil entre le plateau et le monde : il anéantit les coulisses.

En revanche, les artistes qui contestent la convention réaliste, Brecht surtout, Meyerhold aussi, se sont ingéniés à accorder aux coulisses le statut de zone explicitement théâtrale. Ariane Mnouchkine a fondé même son esthétique sur l'exaltation des coulisses comme domaine réservé aux comédiens, comme territoire de passage où la transition s'opère sous les yeux du public. Cette fois-ci les coulisses sont assumées, ouvertes, à part entière sous l'emprise du théâtre. Elles n'ont plus rien de neutre, ni de dissimulé : la théâtralité s'y épanouit.

Il y a enfin d'autres artistes, comme Brook, qui se refusent à une pareille exaspération des pouvoirs du théâtre et cherchent plutôt à rendre fluide le passage de la scène au monde comme si tous deux venaient mourir l'un dans l'autre. Par l'aisance de la communication entre le dehors et le dedans, Brook rend l'existence des coulisses incertaine. Chez lui, le plus souvent, pour quitter l'aire de jeu, les interprètes traversent l'espace du public traité en quelque sorte comme espace intermédiaire, entre-deux, pareil aux coulisses où théâtre et monde viennent s'épouser.

Au Japon, le traitement des coulisses distingue les genres et accuse leurs différences. Le nô démarre dans le contexte d'une attention flottante généralisée : le chœur d'abord, ensuite les musiciens et les tsurumi, les personnages secondaires, puis le waki, l'homme du coin, pénètrent les uns après les autres.

(Cela n'a rien d'une rupture explicite et le début d'un nô ressemble à ce temps suspendu où, en Occident, l'orchestre accorde ses instruments.) Il y a là des espaces progressivement abandonnés et lentement investis comme si le nô cherchait à rendre flous les seuils, à fondre les entités. Elles ne sont pas étanches, et le passage de la vie au rêve, du monde au théâtre s'accomplit sans heurts, telle une douce dérive. Puis, lorsqu'un koken lève silencieusement le rideau multicolore derrière lequel se détachent les contours du shite, celui-ci s'avance lentement et, pas à pas, glisse sur le bois translucide sans précipitation ni agressivité. D'abord humain et puis revenant, chaque fois, le shite, par la manière d'accéder à la scène déploie une véritable esthétique de l'apparition. Au nô les procédés d'ouverture cultivent la possibilité de passer aisément du dehors au dedans, du monde au rêve, du passé au présent comme s'il ne s'agissait que de deux états de la conscience que l'acteur, en raison même de la fluidité qui règne entre l'aire de jeu et les coulisses, peut franchir avec souplesse. Il entre et disparaît d'une manière tout aussi calme... à une exception près, celle du coup frappé avec le pied qui ponctue la sortie finale. Coup de pied qui appelle les forces souterraines, comme si au nô où les distinctions sur l'horizontale s'effacent jusqu'à l'anéantissement, celles qui s'exercent sur la verticale persistaient toujours, les distinctions entre le haut et le bas, entre le monde d'ici et le monde des profondeurs.

L'esthétique de l'apparition reste étrangère au

kabuki où l'arrivée des personnages s'annonce avec fracas grâce au rideau violemment ouvert au bout du hanamichi : ainsi le son précède la vue, de même que dans les contes populaires où la vibration de l'arme précède l'entrée du héros. Au kabuki tout concourt à exalter cette irruption sur le plateau comme s'il s'agissait d'un terrain de combat que l'on ne peut investir que sur fond de disposition guerrière. Ici l'on passe agressivement du dehors au dedans et cela surenchérit sur la distinction entre les deux espaces. Le kabuki exacerbe cette antinomie : venu de l'extérieur, le personnage se dirige vers la scène comme vers un territoire suprême, territoire de l'accomplissement, il va y régner.

Si l'ouverture du nô dit la transition fluide des coulisses à l'aire de jeu, celle du kabuki témoigne d'une volonté de conquête. Le plateau se rend face au vainqueur parvenu à ses portes... et l'excitation du public qui ovationne cette entrée spectaculaire reconnaît l'importance des seuils. Les enfreindre est synonyme de victoire, tandis que le nô s'emploie à tout faire pour apaiser leur pouvoir isolationniste. Le kabuki, par le traitement des coulisses comme étendue extérieure subalterne d'où le personnage arrive pour se précipiter sur le plateau, en fait un héros à même de transgresser les frontières. C'est tout le contraire d'un fantôme.

Au nô aussi bien qu'au kabuki on sort de la même manière que l'on est entré. Est-ce pour dire que la scène ne fut qu'un détour révélateur ? Ou, hypothèse plus séduisante, pour accorder au comédien le même statut qu'au personnage car, au terme d'une représentation, on le sait, c'est toujours lui qui prend le dessus sur celui qu'il a représenté. Dans le nô, le comédien se retire, dans le kabuki, l'habite la même soif de gloire que son héros lors de l'accès au plateau. Le rapport que le public entretient avec les acteurs porte le stigmate de leur façon d'abandonner la scène : on vénère les maîtres du nô, on adore les stars du kabuki.

Rideaux

On trouve au Japon des rideaux de scène et des rideaux d'acteurs. Dans une très belle étude récente Michel Wasserman trace un parallèle entre le rôle du rideau dans le kabuki et son rôle dans l'opéra occidental au XVIIIe siècle. Le rideau paraît dès qu'il y a machinerie à déployer afin d'étonner par les métamorphoses du décor. Rideau qui cache pour mieux éblouir... Rideau de scène. Mais, dans le kabuki, aujourd'hui, plusieurs rideaux se superposent telles les strates du costume. Il n'y a donc pas révélation immédiate, mais découverte successive, rapprochement par étapes de l'essence dont la scène semble être le possesseur. Une première couche : le rideau même du théâtre. Rideau souvent décoré avec les motifs ornementaux traditionnels qui vont du sapin somptueusement déployé à la branche fleurie. C'est seulement ensuite qu'on aperçoit le rideau rayé du kabuki proprement dit. (Et parfois, mais c'est rare, durant le spectacle un troisième rideau peut intervenir.) Le rideau du kabuki ne se lève pas, ne s'ouvre pas non plus au milieu — les deux possibilités du rideau occidental — mais un koken le tire, en courant de plus en plus vite du jardin à la cour pour suivre le rythme progressivement accéléré des battements de bois qu'on entend venir des coulisses. Le corps du koken colle au rideau qui épouse sa forme, pareil à une blouse sur le buste mouillé d'une femme. Le corps ne fait qu'un avec le rideau qui ne s'ouvre pas par une manipulation mécanique : le kabuki sait préserver sa dimension artisanale.

Le rideau, qu'on tire ainsi, invite à aller à la découverte de la scénographie d'une marge à l'autre, sans qu'il y ait entre les deux la moindre hiérarchie de qualification, tandis que le rideau qui s'ouvre au milieu attire le regard au centre, d'où ensuite il se dirige vers les marges. Le rideau qu'on tire est épique. Le rideau qui se fend est dramatique. Le rideau qu'on tire rappelle la narration successive d'un makimono, rouleau horizontal, tandis que l'autre, le rideau occidental, celui qui se lève, ne concentre plus le regard sur le centre pour dévoiler l'image dans son intégralité. Au déroulement s'oppose la simultanéité et au récit la vision.

Les lanternes allumées, à l'extérieur et à l'intérieur du théâtre, désignent, comme partout au

Japon, qu'une activité s'y exerce. Dans le kabuki s'ajoute le signe du rideau, car s'il reste ouvert, tant soit peu, on sait qu'il ne peut y avoir d'interruption du spectacle. Parfois le koken tire presque complètement le rideau avant de s'immobiliser à un mètre du côté jardin pour attendre que la dernière tirade sur le hanamichi s'achève : alors, lorsque l'acteur sort en s'exposant avec éclat, le rideau se ferme jusqu'au bout et on annonce l'entr'acte. Le rideau intervient comme signe absolu de la fin : ils sont inséparables. Et il n'y aura jamais de danse ou de monologue face au rideau.

Le rideau sert donc de point qui marque une interruption et permet un redémarrage. A neuf. Au Japon on aime cette netteté des phrases, des objets, des images placés côte à côte. Toute une esthétique est là. Une esthétique réfractaire aux ensembles fondés sur la fusion des termes, sur leur enlacement. Le rideau aide, lui aussi, à affirmer cette séparation. Dans un spectacle de rokyoku, les mélodies d'Osaka, un machiniste vient tirer le rideau après chaque numéro. La succession des artistes ne peut être ininterrompue. Elle réclame des points et le rideau en est l'équivalent théâtral. Et qu'est-ce que le petit rideau de Brecht sinon un point aussi?

Au Japon, le premier rideau, celui du théâtre, ne dénote pas seulement sa fonction. Orné, selon la nature du spectacle, de la saison ou du lieu, il se présente comme une citation de l'art reliant ainsi le spectacle au système figuratif japonais — fleurs de cerisier, sapin, pont sous la pluie — car le théâtre n'est qu'un épisode de ce vaste ensemble culturel qui se tient, ensemble auquel le rideau rattache d'emblée le spectacle. Il en fait partie. Le premier rideau désigne donc l'insertion dans l'espace de l'art tout entier, tandisque le second, le rideau rayé du kabuki, lui, s'ouvre sur le théâtre et son activité. Dans un mouvement de concentration progressive à travers les deux rideaux on passe de l'art au théâtre.

Mais, il y a aussi *les rideaux d'acteurs*. Dans le nô le shite ne vient pas des coulisses, mais de derrière le rideau, comme on dirait de « derrière le miroir ». Certes, d'autres que lui entrent par là, mais le moment le plus intense reste celui où il se montre... Au bout du pont, le rideau multicolore — son chromatisme éclatant surprend ici, dans le règne austère du nô — est levé à l'aide d'une perche par un koken. Alors, quelques spectateurs seulement peuvent apercevoir, sur le seuil, en attente, un corps immobile. Instant d'éternité avant de glisser dans l'espace du jeu et du mouvement. Plus tard, à la fin, lorsque le shite se retire le premier, le rideau, de nouveau levé, lui ouvre cette fois-ci le chemin vers cet extérieur — du théâtre, du monde — d'où il ne reviendra plus. Le rideau magnifie l'arrivée et le départ de l'ombre.

L'acteur de kabuki franchit aussi le cap du rideau. Rideau qu'ici on claque avec violence à chaque entrée, car ce n'est plus un fantôme qui revient, mais un personnage qui se précipite vers son destin. Cette fois-ci, le rideau, on le voit moins, mais on l'entend plus. Bruit vif, nerveux, bruit qui annonce une arrivée impatiente. (Dans le bunraku, dont le kabuki s'est inspiré, on voit sur la scène même le petit rideau tiré à la hâte pour laisser entrer le marionnettiste.) Le rideau ouvert avec une pareille énergie évoque un irrépressible appel auquel, semble-t-il, ne peuvent échapper ni le personnage ni l'interprète. Ils se lancent vers la scène avec la fureur tragique du taureau dans une arène. Si le rideau de nô prépare un glissement, celui de kabuki annonce une irruption. Mais les deux bordent un pont... au-delà duquel, s'ouvre, pour reprendre une belle expression d'Antoine Vitez, le Grand Extérieur, territoire de la disparition, étendue d'où l'on ne revient pas.

Les pages du visage

Le maquillage est une écriture. Une écriture du visage sur lequel les couleurs et les lignes se constituent en un alphabet familier aux spécialistes du kabuki. Si les masques du nô cachent le visage du shite, le maquillage exalte celui des interprètes de l'excès qui s'exposent sur le hanamichi, se lamentent sans réserve ou combattent avec brio. Leurs visages peints participent à cette « folie du voir » dans laquelle entraîne le baroque du kabuki.

Lorsqu'on feuillette des traités de kabuki le regard s'arrête sur des pages à l'écriture bizarre, écriture apparentée à une calligraphie virtuelle. Ce sont les pages des sourcils, tordus, aigus, ronds, sourcils qui désignent un état ou divulguent un caractère. La page des yeux s'intercale entre celle des sourcils et celle des lèvres, fines, carnassières, perfides. Sur le fond de fard blanc qui recouvre son visage, chaque interprète se consacre à l'exercice d'une véritable écriture. Écriture-peinture. Elle s'ajoute aux autres, celles des gestes et des vêtements.

Les visages des guerriers du style aragoto ressemblent à un brasier où les flammes s'agitent frénétiquement, comme mues par les forces souterraines, immaîtrisables, dont ces héros sont les foyers. Les flammes de pareils incendies physionomiques se soumettent à un code bien précisé, auquel les grands maîtres se permettent de temps en temps d'apporter des modifications qu'ils lèguent ensuite aux héritiers. Le maquillage tient aussi bien de la loi que l'on reçoit que du don que l'on offre. L'art consiste à reprendre le dessin hérité tout en l'adaptant aux données d'une physionomie individuelle. Derrière le caractère, le public averti cherche à apprécier aussi le charme d'un comédien, ce léger frisson qui vient animer l'ordre des maquillages canoniques.

Sur les visages embrasés où le dessin des flammes suit le tracé des muscles se détachent parfois d'autres sillons, rivières et montagnes, lacs et nuages. Un maquillage célèbre évoque les oiseaux, un autre les boutons de volubilis ou un lever du soleil. Pour l'œil qualifié le visage est paysage, paysage composite, hétérogène qui, soudainement, rappelle les figures d'Arcimboldo. On reconnaît une même volonté d'ériger le visage en territoire d'une construction mentale, en vision plastique où l'anatomie et la nature dialoguent autour du cercle des yeux, de la vallée des lèvres ou la colline du nez.

Les visage maquillés, visages « ombrés » comme on dit au Japon, éblouissent par la vivacité des couleurs (le mot couleur, *iro*, a fini par être synonyme de charme et plus encore de beauté). Au Japon où si souvent la retenue chromatique est de règle, l'on ne recule pas, au kabuki, devant l'extravagance et l'intensité. Ici les couleurs renvoient à des histoires du passé, à des coutumes héroïques de samouraïs inassouvis, à des liaisons illicites, des passions excessives. Le blanc et le rouge, le noir ou le vert, par leur franchise, se donnent plus qu'à lire, ils ressuscitent le monde des maîtres sanguinaires et des amants suicidaires, le monde de fureur et de sang d'un Japon « élisabéthain ».

La géologie du costume

Dans le kimono, les couleurs du dessous doivent s'harmoniser avec les couleurs du dessus et tout un art savant codifie ces rapports. Le vêtement a une profondeur, un géologie dont le regard surveille la cohérence.

Le costume érige l'acteur, plus spécialement celui de nô, en une statue vivante. Le théâtre — que ce soit le nô ou le kabuki — couvre les corps de strates vestimentaires qui finissent par les transformer presque en volumes indifférents aux proportions organiques. Mais il est intéressant de signaler que le théâtre joue de cette stratification, car, durant le spectacle, on enlève à l'acteur une première couche pour en révéler une seconde afin que les couleurs soient mieux adaptées à la situation. Comme l'effeuillement semble être sans fin on peut alors se demander si en arrivant au bout on trouverait encore un corps. Le costume participe de l'attrait japonais pour l'emballage qui finit par dissimuler, ou rendre même insignifiant, le cadeau, l'essence. Là-dessus les pages de Barthes restent définitives.

Le costume ressemble à la nourriture, ou plutôt aux principes qui la régissent. Il est tout d'abord objet à voir. Et, de même que l'acte de manger, il exclut la violence et le déchirement : on le détache avec facilité. C'est le nœud et non le bouton qui règne. Pas de fermeture nette, d'obstacle infranchissable. Des strates, toujours des strates qui se retirent successivement : ce costume n'engendre pas le fantasme de la pénétration — toute appréhension rapide du corps est exclue — mais celui de la progression. Non pas la brutalité du geste qui fait sauter un bouton ou qui déchire la robe, mais l'avancée au rythme ralenti par ces couches qu'on dégage. Cela demande l'intervention des koken, les serviteurs de scène, dont la mission est tout aussi bien de veiller au bon ordre du costume durant le spectacle que de dévoiler sa profondeur selon le déroulement du rôle. Le costume a de l'*oku*, terme qui désigne ce qui est secret, difficle d'accès, bref la profondeur réelle ou imaginaire.

Entre les nô et les kyôgen on présente parfois des danses. Ces danses ont la beauté sévère des danses du shite, le revenant de l'autre bord... mais elles ne parviennent jamais à produire un même envoûtement. Il leur manque la somptuosité du costume. Son faste. Car à la main qui se déplace s'ajoute alors la manche qui agrandit le geste. Le costume donne à l'acteur une dimension théâtrale. La dimension de l'excès. Cette dimension dont, par le hasard des lectures, j'ai trouvé la définition chez Kafka. « L'acteur doit être théâtral, dit-il à Gustav Janouch. Ses sentiments et leurs manifestations doivent être plus grands que les sentiments du spectateur et leurs manifestations, si l'on veut produire chez celui-ci l'effet recherché. Si le théâtre doit agir sur la vie, il faut qu'il soit plus fort, plus intense que la vie quotidienne. »

Les costumes, si imposants soient-ils, ont une majesté légère car on joue sur le prestige des dimensions et non pas sur celui du poids. En Occident la cape du tsar Boris est lourde, les habits de scène des rois pèsent tandis que la robe du fantôme n'alourdit jamais. Ici on détraque les proportions du corps, mais on ne l'immobilise pas et il faut voir là le refus de donner une justification « matérialiste » à la lenteur du nô. La lenteur est un fait de représentation — comme chez Bob Wilson — et non pas une conséquence vestimentaire.

Le costume dé-forme chaque fois le corps, mais si dans le nô il apparaît comme multiplication de strates, dans le kabuki il procède plutôt à un développement en surface. L'acteur de nô est un volume, l'acteur de kabuki une étendue. Et cela vient de la nature des deux types de scène : le cube du nô et l'écran panoramique du kabuki.

Un artiste, Hiroshi Hori, expose des poupées couvertes de tissus, tissus anciens qui s'ajoutent, les uns après les autres, dans une composition véritablement archéologique. Le costume finit par se muer en essence... comme chez une grande danseuse de buyô, Katsuko Azuma, dont le corps, à la fin du spectacle, semble s'évanouir sous l'élégie d'un kimono et de ses couches qui l'ensevelissent. Dans cette dernière scène Katsuko Azuma ressemble à un de ces cent poètes présents dans la peinture japonaise depuis des siècles. Le costume rend irréel le corps soumis au topos de la peinture.

Au faste des tissus, à l'ampleur des coupes s'opposent les danseurs de butô qui affirment l'attrait du corps libre, dévêtu. On comprend mieux Tanaka Min qui danse nu si on le compare aux acteurs traditionnels et à leurs parures. Sa nudité n'est que la réponse violente à la splendeur sans égale des costumes de nô ou de kabuki. Il retrouve le corps par la négation polémique de ce qu'on adore au Japon : l'emballage et sa force d'anéantissement du contenu. De la substance. De la chair.

Des perruques ludiques

Ni dans le nô, ni dans le kabuki — fût-ce même pour les enfants — aucune chance de voir les cheveux naturels. Ici toute tête est emperruquée et, sous le signe du théâtre, elle désigne ainsi un personnage, dénote son statut et qualifie une conduite. La perruque d'emblée invite à la lecture, lecture souvent banale, car elle se réduit à une classification assez rudimentaire des rôles où le statut social de même que l'âge constituent les informations premières. La perruque indique, tout comme d'ailleurs l'ensemble vestimentaire ou le maquillage, l'identité des femmes et des héros, des fantômes et amants qui s'agitent sur la scène du théâtre. Au Japon, les prémices sont toujours claires : ici rien ne se découvre, tout se livre d'entrée. A cette lisibilité initiale l'acteur s'efforce ensuite d'apporter une vie en exhibant des troubles individuels, des égarements et des vertiges. Si l'écorce se donne à lire, ce qu'elle abrite reste à découvrir.

Parti des certitudes de départ pour accéder aux incertitudes de parcours, l'acteur apparaît comme un être de l'entre-deux à même d'atténuer la distinction trop soutenue entre le social et l'individuel, entre une fonction et une passion. Il s'appuie souvent sur des accessoires tel l'éventail ou l'épée qui, à certains moments, sur fond d'exploit de manipulation, permettent de véritables aveux scéniques. Alors, dans la perfection de la danse les objets les plus proches, les objets de l'intimité quotidienne, les objets de la femme et de l'homme, parlent des humains et éblouissent les regards des spectateurs.

La perruque, certes, n'acquiert jamais une égale liberté. Mais malgré ce handicap originel, elle, ou plus exactement l'ensemble des perruques, perruques de démons ou de vieillards célèbres, perruques de guerriers hors pair se chargent de valeurs ludiques. Surdimensionnées, ces perruques fascinent par l'ampleur des cheveux et leur excès chromatique car ils sont toujours noirs, roux ou blancs sans nuance ni dégradé. Grâce à la perruque le personnage se présente toujours en être d'exception, humain ou surnaturel, ignorant les limites et brisant les interdits. La perruque atteste sa démesure qu'ensuite les danses viennent confirmer, danses, elles aussi démesurées, extravagantes. L'œil exulte face à des crinières qui s'agitent furieusement ou à des nattes qui fouettent l'air, à des cheveux en flammes qui se hérissent, à des touffes blanches qui éclosent comme d'immenses fleurs tropicales, ou à des chevelures soyeuses pareilles aux branches tombantes d'un saule pleureur. La perruque par-delà toute information procure ainsi le plaisir de la plus pure théâtralité.

Des années plus tard, à Tôkyô, j'ai compris pourquoi la tétralogie des Molière signée par Vitez a évoqué d'emblée pour moi le théâtre japonais, le théâtre d'une tradition perdue et imaginairement reconstituée, je retrouvais le même usage ludique de la perruque. Vitez a osé la traiter autrement qu'en simple ornement social, rigide décoration de cour, et il a poussé ses jeunes comédiens à jouer avec elle, à l'enlever et à la lancer en l'air, à la jeter par terre et à l'exposer fièrement. Alors, dans l'extrême liberté de la convention, l'acteur et le personnage coexistent comme des jumeaux réunis dans cet être imaginaire qu'est toute grande figure théâtrale pour le regard ébloui de la salle.

Le plaisir naïf

Ennosuke, grand maître du kabuki, restaure depuis un certain temps la tradition machinique du kabuki car, à l'origine, ce fut un art de la surprise, de la perplexité devant les exploits d'une scène hautement technologisée. Pour renouer avec ces sources Ennosuke revient à des auteurs peu joués auparavant tel Namboku (de même qu'en France pour rétablir le lien avec l'héritage « archaïque » du XVIIe, Antoine Vitez a redécouvert Garnier et J.-M. Villegier Tristan l'Hermite). Désormais toute une tradition du kabuki est ressuscitée et d'autres comédiens empruntent la voie d'Ennosuke car le public se montre friand de machines : apparitions, vols extravagants au-dessus de la salle, brisures de rochers qui laissent jailir les esprits, traversées de fantômes accompagnées de feux d'artifices, toits qu'on arrache, maisons qui se fendent... mais chaque fois (à l'exception d'une seule utilisation exceptionnelle du laser) la performance technique reste rudimentaire. Bien que les effets semblent apparentés à ceux de la science-fiction, il n'en est rien car on les réalise à l'aide de l'équipement vétuste du théâtre. L'étonnement alors ne peut être que ludique. Effet d'un plaisir naïf qui reconnaît les dessous d'une technologie primitive, artisanale mais aime s'abandonner à la surprise enfantine. Les cris du public mêlés de rires disent à quel point il est à la fois dedans et dehors, dupe et lucide. Par la nature artisanale des moyens employés, le kabuki est aux films de science-fiction ce que sont les chevaux de bois aux jeux électroniques.

Catch et kabuki

Ennosuke entend retrouver la vitalité originaire du kabuki en lui redonnant le goût initial de la performance évidente, du changement étonnant des costumes, des courses effrénées, bref d'un visible grossier. Évident. Immédiat. Le kabuki rejoint cette esthétique de la foire dont tant de metteurs en scène européens se sentirent épris dans les années 20. Chaque fois qu'on y fait appel c'est pour des raisons polémiques. Par volonté de provocation. On attaque le raffinement et la nuance, la sensibilité et le détail. Déflagration terrible dans un monde clos voué au dépérissement par excès de perfection.

Le kabuki d'Ennosuke a les vertus du catch tel que Barthes le commente. C'est, comme lui, « un spectacle excessif » où, sans cesse, on cherche l'effet et la pose, le grossissement des signes doués « d'une clarté totale ». Au fond, là, il n'y a plus ni secret ni demi-teinte, l'ensemble s'organisant comme une élémentaire, primitive mise en scène du visible. Tout se montre dans une euphorie du concret d'où l'invisible semble s'être définitivement retiré. État du concret qui se manifeste d'abord par l'amplitude : gestes singuliers, sauvages où la démesure est l'unique loi. Gestes qui comme ceux des catcheurs de Barthes « portent l'intention à son maximum d'évidence » car ils gonflent, débordent, s'épanouissent et la salle entière puise son plaisir dans cette théâtralité énorme. Au catch « la pudeur serait déplacée, étant contraire à l'ostentation volontaire du spectale », écrit Barthes, et une fois encore le constat convient à cette esthétique d'un kabuki primordial qu'Ennosuke rêve de restaurer. Un kabuki sachant tout amplifier pour satisfaire l'attente d'un public qui « s'accorde spontanément sur la nature spectaculaire de l'acte ». Disons que le kabuki d'Ennosuke rejoint l'esprit du catch, de même que le raffinement de Tamasaburo rappelle un opéra de Bellini; le champ du kabuki s'étend de la prise du catcheur à la précision d'une aiguë de soprano. Dans son histoire, parfois, dit-on, il est parvenu à les faire coexister. Toujours sur fond d'évidence spectaculaire, de convention assumée, de visibilité affichée, bref de tout ce qui en Occident relie, par-delà leurs différences, le catch et l'opéra.

L'éloquence du dos

Cet acteur napolitain que le Nord méprisa et que le Sud exalta, Eduardo de Filippo, n'avait pas son pareil pour ce qui est de l'éloquence du dos. Les muscles s'agitaient, l'omoplate avouait, l'épaule s'étonnait... discours muet que, sous le charme, la salle entière épiait. Eduardo, acteur de tradition populaire, rendait théâtral le dos : la partie la plus rejetée par les codes de la grande scène occidentale. Toujours de face, le comédien s'est vu interdire des siècles durant le recours au dos et il a fallu attendre la réaction naturaliste et son goût pour le vrai pour qu'Antoine impose le droit des acteurs de tourner le dos au public afin de révéler ainsi ce que les êtres ne formulent pas et que les visages dissimulent. Les témoignages du dos sont toujours implicites.

Le Japon n'a pas connu une telle censure du dos et les interprètes du kabuki s'entraînent assidûment pour l'exploiter, le faire parler, le rendre même séduisant. Surtout les onnagata déploient un véritable répertoire de postures car la sensualité des héroïnes se déclare souvent par le dessin du cou et la noblesse de la nuque, oasis qui se dérobe à l'emprise enveloppante du kimono. Là, à cet endroit non caché, à cet interstice lumineux le spectateur décèle l'érotisme d'une femme de théâtre. A la noblesse de la chair dévoilée s'ajoutent parfois les insignes de l'écrit puisque le maquillage noir qui vient mourir sur la nuque indique par le nombre de traits dessinés le statut de la femme : princesse ou courtisane. Au Japon, la scène, comme la langue, n'oublie jamais de préciser le statut, car faute de cela le désarroi gagne le regard et trouble la conversation.

Tamasaburo, dans une séance de démonstration, montre les ressources de la colonne vertébrale, appui de choix pour tout onnagata. Le dos parle et en même temps captive. Il suit les palpitations de la femme par la calligraphie d'une ligne serpentine car son discours cherche à dire un être autant qu'à charmer un œil. Le dos est double au Japon : non seulement psychologique, mais aussi plastique. Il rattache l'acteur au règne de l'estampe.

Yoshi Oida écrit dans *L'Acteur flottant* que, selon la pensée traditionnelle, la colonne vertébrale sert de véhicule à la communication spirituelle des « grands initiés » de Bouddha à Jésus. Cette observation empruntée aux livres sacrés éclaire l'importance des informations que l'on obtient par la lecture correcte du dos. Dos qui peut affirmer une identité accomplie, ou une défaite dissimulée, dos des aveux que l'on délivre malgré soi.

L'expérience du concret

Représenter ou non — voilà la question au théâtre! Tout se joue entre ces deux termes. La pratique aussi bien que la définition du théâtre en dépendent. Les réponses révèlent non seulement les choix d'un artiste, mais aussi ceux d'un spectateur : au bout du compte il se confronte à la même question. On ne peut y échapper. Le Japon laisse deviner à quel point la scène peut passionner en tant que lieu où « l'invisible devient visible ». Matériel. Concret. Le lieu où le corps et l'objet saisissent l'irreprésentable et deviennent ses messagers. Car qu'est-ce que la scène de nô sinon cet espace où l'irreprésentable des fantômes trouve son accomplissement physique? Un lieu de la présence. « Là où le théâtre est le plus fort c'est quand il nous révèle les choses irréelles », aime dire Kafka.

Le corps de l'homme apparaît sur scène comme véhicule de l'invisible, mais il n'aura jamais la pérennité d'un corps statuaire. Si aimer le corps humain qui incarne l'irreprésentable c'est légitimer le théâtre comme activité du concret, par contre aimer le corps dans ses représentations définitives — sculptures, tableaux — c'est s'éloigner du théâtre et de son essence au nom d'une nostalgie du durable qui lui est étrangère. Le théâtre, on le voit au Japon, se place dans cette position intermédiaire entre la vie et l'art où l'invisible acquiert une matérialité, matérialité à jamais passagère. Aimer la fleur, dit Zeami, c'est savoir aimer la beauté d'un jour : voilà la métaphore du grand maître du nô. La fleur c'est cette incarnation de la beauté qui passe et qui vous laisse les mains vides. Aimer le théâtre c'est aimer les mains vides. Le shite fait prendre corps aux fantômes qui ont la splendeur des statues, mais jamais leur durée. Ils arrivent pour mieux disparaître ensuite : sur une scène le concret finit toujours par s'évanouir. Une belle calligraphie de Sengai, moine-peintre du XVIIIe siècle, dessine ce caractère qui dit simultanément : *Tout va bien! Rien! Pas de problèmes!* De même, à la fin, dans les mains du joueur il ne reste rien, sauf l'expérience. L'acteur fait partie de la même famille que le moine ou le joueur. L'ascèse rejoint le jeu.

Un théâtre qui ne représente pas, qui expulse le concret des objets et des images pour se livrer uniquement aux pouvoirs de la voix et des mots, limite l'imagination du spectateur. Celle-ci n'a plus de point d'ancrage pour se déployer car seule la matérialité préserve cette ambiguïté qui permet la projection tandis que face aux mots le spectateur n'a qu'à se laisser porter par eux, par leurs constellations, par leurs résonances. Son imagination, alors passive, n'est plus sollicitée par un concret pluriel, ce concret en attente qui la met au travail. Artaud, en parlant du théâtre balinais, exemplaire, selon lui, de la démarche orientale, se reconnaît captivé par la force « d'objectivation » de la scène qui lui révèle une « conception... concrète de l'abstrait » et, note-t-il, « ce qui me semble fait pour nous surprendre et pour nous étonner le plus est ce côté révélateur de la matière qui semble tout à coup s'éparpiller en signes pour nous apprendre l'identité métaphysique du concret et de l'abstrait ». Le concret de la scène sert de tremplin à l'abstrait et de piège à l'irreprésentable.

Le Japon préserve les ressources matérielles du théâtre, ressources qui par leur présence engendrent les capacités projectives du spectateur, mais qui, par leur économie, échappent à l'encombrement naturaliste. Le concret ici ne décrit pas : sa fonction n'est que de conduire vers l'invisible. De là, de cette expérience est venue ma résistance à l'égard du spectacle vu le soir du retour, où la beauté des mots, seule, éveillait la nostalgie de la lecture plutôt que l'imagination du théâtre. Le concret de la scène, lui permettant d'éclore, rend heureux, tandis que son absence, par contre, si superbes soient les phrases qu'on entend, fait écho à un manque, à une frustration. Celle du livre. De la lecture. La vérité nous semble alors être ailleurs, loin de ce théâtre où nous dépensons nos nuits au lieu de nous pencher sur les secrets d'une page admirable. Sans concret, le théâtre est vécu comme une dépossession et le Japon ancien l'entend comme tel. Là où les fantômes s'incarnent, l'au-delà se montre.

L'extrême-bas corporel

L'acteur japonais cherche appui dans le sol. Il varie ses pas, il alterne les sonorités de son toucher, il se plie pour l'atteindre, il le frappe, il le piétine, son art passe par ses rapports au plancher de bois ou à la terre elle-même. Au Japon où l'on dit qu'à sa démarche on peut déceler l'identité de quelqu'un, l'acteur ou le danseur entendent entretenir un rapport permanent avec la surface de jeu. Ici pour chaque genre on marche différemment : on glisse pour le nô, on projette les jambes vers l'extérieur pour le kabuki héroïque. A cela s'ajoutent de formidables coups de pied qui ponctuent le silence du nô ou martèlent le brouhaha du kabuki. On s'exprime tout aussi bien par la manière d'exposer les pieds que par celle de frapper le plateau... La mesure d'un artiste se prend à son pouvoir de maîtriser le sol. Il y a plus de vingt ans, lorsque Grotowski ou Barba ont rencontré le Japon ils ont d'abord découvert des pas, et seulement ensuite des voix.

Les spécialistes japonais avancent des explications de toutes sortes pour cette liaison au sol. De nature anatomique : une constitution corporelle différente de celle de l'Européen. De nature anthropologique : le travail dans les rizières qui appelle le glissement et l'art guerrier des samouraïs, qui demande l'écartement des genoux. De nature spirituelle : c'est ainsi qu'on maintient le contact avec la terre et l'énergie dont elle est dépositaire. Et encore tant d'autres... mais il ne fait pas de doute que par cette intimité permanente avec le sol le Japon se distingue de l'Occident qui, lui — Valéry l'a dit souvent — s'engage vers le haut. Le saut est ici la pierre de touche du danseur car c'est la volonté d'arrachement qui règne, tandis que là-bas triomphe le désir d'enracinement.

Pour Bakhtine la civilisation européenne a connu le combat entre la volonté de domination, d'ordre, imposée par le haut corporel et celle de subversion, de désordre, issue du bas corporel. Des forces obscures, rejetées, dévaluées, surgies des régions du sexe viennent perturber l'équilibre que la raison instaure : la culture carnavalesque déstabilise l'art établi. Au Japon les rapports au sol permettent l'apparition d'un autre pôle *l'extrême-bas* dont les pieds de l'acteur révèlent la portée pour toute forme spectaculaire. Il est chaque fois présent, et ce qui distingue le nô du kabuki vient aussi de la relation qu'entretient le haut corporel — le visage est masqué dans le nô et peint dans le kabuki — avec *l'extrême-bas* corporel. Entre eux il y a une tension que tout spectateur avisé suit attentivement.

Au Japon on masque ou on peint le visage presque pour mieux laisser jouer les pieds. L'effacement du visage, avec tout ce qu'il comporte comme expression individuelle, au profit de l'énergie dégagée par les pieds qui frappent le sol distingue une culture — celle de l'Occident — fondée sur la personnalité singulière d'une autre — celle de l'Orient — qui fait de l'anonymat son horizon.

Dans un très beau texte, le professeur Gunji, spécialiste célèbre du kabuki, dit que la danse japonaise a pour dernier terme l'immobilité. La fin du mouvement... Voilà ce qui explique, suggère-t-il, la perfection atteinte par de vieux danseurs qui, pieds collés au sol, bougeant à peine, sont presque au bord de l'arrêt. Ils entretiennent la même relation que l'enfant au sol. J'ai vu un vieux danseur qui, par la naïveté de ses gestes à peine esquissés, par la liberté de ses déplacements ou par la légèrté de ses petits sauts, incarnait l'image de l'enfance retrouvée. Aujourd'hui, seul Cunningham lui ressemble.

Le comédien désincarné

D'Utaemon, le vieil acteur du Japon, chaque apparition prend l'allure d'un événement : l'on vient voir l'art accompli de l'onnagata en train de disparaître. Tout d'abord l'étranger ne perçoit pas les raisons de cet engouement... il lui manque et la spécialisation du regard et la mythologie de l'interprète. Sur une scène, tout grand comédien âgé ressuscite par fragments — mais la mémoire est toujours fragmentaire ! — l'ensemble de son répertoire et ainsi il renvoie le spectateur lui-même à sa propre biographie. Le cinéma peut rassembler et projeter côte à côte les apparitions d'un comédien à différents moments de son parcours tandis qu'au théâtre uniquement ceux qui l'ont suivi parviennent à se livrer mentalement à de tels rapprochements. Sans ce passé partagé nous ne regardons qu'un acteur vieillissant, et l'onnagata mythique du Japon ne nous paraît au premier contact qu'un onnagata délabré. Cette déception s'empara de moi face à Utaemon qui me sembla n'être qu'un acteur qui se survit, un arbre sec dont on ne reconnaît plus que le squelette. Sa première apparition à Kabuki-za me troubla : quelques pas à peine esquissés, un corps frappé d'arthrose, bref un fantôme... de l'art évanoui.

Ce qui à Tôkyô tenait de la prestation parcimonieuse, à Paris, dans un programme nettement plus élargi, devint le comble de l'art minimaliste, de cet art de « la non-représentation », auquel aspire tout grand maître qui touche à sa fin. Utaemon à Paris m'est apparu comme une hypostase de l'acteur grüberien accompli, cet acteur à qui l'on demande souvent « d'avoir le cœur chaud et la bouche froide ». Le vieil onnagata embrasait les passions éteintes qui jaillissaient dans des cris stridents et fugitifs, ponctuation pathétique d'un amour malheureux et d'une jeunesse lointaine. Ses gestes, ses sons, ses pas n'œuvraient pas à la continuité d'un jeu sans fissure, ils étaient, au contraire, scandés, syncopés, rigides. Utaemon sacrifiait les enchaînements fluides d'une phrase maniériste au profit des mots solidifiés et des mouvements bien nets. Il réalisait sur scène l'équivalent d'un hai-ku.

A Paris, Utaemon a dansé *Sumidagawa*, adaptation d'un nô pour le kabuki : ici personnage et acteur se confondent car le maître joue une femme âgée partie à la recherche de son fils dont elle ne retrouvera que la tombe. La femme éplorée ne distingue pas le cri d'un oiseau local et il lui semble reconnaître la voix du fils à jamais perdu. Entre le nô et le kabuki, entre le passé et le présent, entre la vie et la mort, en rien virtuose, Utaemon, aux gestes retenus, aux mouvements cassés, à l'équilibre incertain, se dérobe à toute contamination sentimentale. Il n'est pas lyrique, et, sans ornementation ni éclat, il parvient à l'expression « ossifiée » chère à Artaud. Rien de superflu, nul charme passager ici où l'économie fait la loi et où le jeu a la rigueur d'une épure. Le vieil onnagata me rappelait le Faust octogénaire de Minetti qui, vêtu d'une chemise blanche, effleurait à peine les doigts de Marguerite... rien de plus pour dire le vertige d'une passion.

Lorsqu'il s'apprêtait à jouer à quatre-vingt-dix ans *Œdipe à Colone*, on demanda à Alexis Minotis : « Qu'allez-vous jouer ? — Sophocle » répondit-il avec une intuition de génie. Ni lui-même, ni le personnage, mais l'auteur... seul l'âge accorde de pareilles libertés à un comédien. Il finit alors par incarner une idée même du théâtre.

Littéralement, Utaemon m'est apparu comme la figure même du comédien désincarné. Qu'est-ce que le comédien désincarné sinon l'allégorie d'une manière de survivre en scène ? Utaemon c'est l'onnagata qui se prépare à mourir en dansant... allégorie où la dérision et le macabre s'épousent sur fond de victoire contre la crainte. Une allégorie ne fait jamais peur, elle donne à penser.

Une Cerisaie *métonymique*

Tout metteur en scène confronté à *La Cerisaie* s'interroge sur la nécessité de montrer ou non le verger, les arbres. Peut-on rendre matériel sur une scène ce qu'habite l'imaginaire, celui des maîtres comme celui de Lopakhine ? Tandis que pour les premiers le domaine est intangible et son importance attestée par le fait même qu'il figure dans le Dictionnaire Encyclopédique, pour Lopakhine, bien qu'il envisage sa rentabilisation, il s'agit, bien plus, « de la plus belle propriété du monde ». Parlé par les maîtres, l'ancien fils de serf surenchérit sur leur discours en l'hyperbolisant. C'est pourquoi Lopakhine se livre à corps perdu, fanatiquement, dans l'affaire de la vente de la cerisaie : il n'est pas question pour lui de la laisser à un autre, à un étranger, à Dériganov, car c'est lui, et non pas tant Gaev ou Lioubov, le véritable amant du verger. Possédé, Lopakhine veut s'en emparer à n'importe quel prix. C'est sa lutte avec un mirage d'enfance.

Généralement, on ne montre pas la cerisaie qui demeure, pour les personnages de même que pour les spectateurs, plutôt de l'ordre de la projection, Strehler est parti de là et tout de même il a tendu un voile couvert de feuilles qui englobe la salle et la scène : nous subissons ensemble son envoûtement. Les palpitations du voile suivent, en écho, l'état des personnages. Leurs paniques. Leurs nostalgies. La cerisaie est le sismographe qui enregistre l'état des êtres. Brook, par contre, ne montre rien. Andreï Serban place ici et là quelques arbres rabougris en introduisant un décalage entre le discours sur la cerisaie et sa réalité. Aucune des solutions n'est satisfaisante car aucune ne capte simultanément le concret et ce qu'il engendre.

Au Japon j'ai découvert le traitement métonymique de la cerisaie. Un arbre gigantesque, énorme qui n'a rien à voir avec un cerisier — il renvoie plutôt au chêne séculaire — remplit le cadre de scène. Cet arbre apporte le concret, mais sans la moindre vocation réaliste : il tient tout à la fois du vrai et du rêve. C'est un cerisier métonymique. Il conforte la position de Shakespeare qui, dans le prologue d'*Henry V*, demande au public d'imaginer une foule à partir d'une poignée de soldats, français ou anglais, présents sur scène. Chaque fois un concret minimal sert de support car l'imagination, au théâtre, part de là. La métonymie, d'une cerisaie ou d'une légion, permet la cohabitation du concret et de l'abstrait dans un inépuisable va-et-vient. Le cerisier, irréel et vraisemblable, matériel et imaginaire, fait de la scène un carrefour dans son impureté et dans sa vitalité. La métonymie dispense la leçon d'un concret parcimonieux, à la limite de la disparition. Elle sert d'intermédiaire entre une présence et une absence, elle assure leur équilibrage. Le cerisier, dans sa matérialité, capte l'imaginaire de la cerisaie, de même que le mannequin de Kantor capte celui de l'enfance.

La poignance des choses

Le terme japonais *mono-no aware* on le traduit, selon Augustin Berque, par « la poignance des choses », poignance qui naît de l'harmonie entre le subjectif et l'objectif, entre l'émotion et les choses. Cette communion, sans doute, ne reste pas étrangère à la rareté des choses. Dans le tokonama, l'autel de la beauté qu'on raffine dans les maisons japonaises ayant préservé le goût de l'ancien, ou dans certaines vitrines qui reprennent les mêmes lois, il y a peu d'objets. Ils sont espacés et grâce au vide — le vide qui les relie comme disait Braque — cet ensemble acquiert un pouvoir de rayonnement extrême. Trois petites sphères bleu éteint et une tige, un bol de thé et une calligraphie : le monde des objets s'organise selon les règles de l'art. Mais du fait que l'objet n'apparaît pas en tant qu'objet artistique fortement constitué, on peut l'investir affectivement avec plus de liberté : il nous semble issu non pas du génie de l'artiste singulier, mais d'un savoir esthétique virtuellement partageable, d'une connaissance du beau dont les secrets s'apprennent. Il subsiste l'idée que l'accès ne nous y est pas interdit car, pour s'accomplir, « la poignance des choses » ne demande ni grande vocation ni génie, mais simplement les qualités d'un être qui assimile avec attention les lois transmissibles du beau. Ainsi il réussit à communiquer à l'aide des objets dont la manipulation ou l'arrangement permettent au *je* de se manifester avec discrétion.

Le théâtre traditionnel parvient souvent à la « poignance des choses ». A cette coexistence du subjectif et de l'objectif. Dans le nô *Settai* (Bienvenue) le shite porte un masque ancien, creusé profondément avec force, une force primitive, tandis qu'un châle blanc lui couvre la tête et les épaules. Cette fois-ci on ne voit plus comme d'habitude le cou, seul intervalle vivant entre le masque et le costume : l'acteur prend l'entière apparence d'une statue. Une de ces statues qui traversent les siècles, Madone ou Bouddha du XIIe-XIIIe siècle. Mais de derrière le masque une voix profonde, monotone s'élève. Lentement le corps commence à bouger...

cette statue vivante, n'est-ce pas la matérialisation même du rêve de Craig? Craig qui voulait que l'acteur et son jeu subjectif revêtent le caractère d'une manifestation objective, qu'ils parviennent en effet à la « poignance des choses ».

Si dans le nô l'être vivant se charge des vertus de l'inanimé, dans le bunraku, par contre, c'est la marionnette qui accède aux attributs du vivant. Mais que ce soit dans un sens ou dans l'autre il y a chaque fois conjonction de l'animé et de l'inanimé. C'est elle qui se place au cœur même du travail de la scène. Lorsqu'on assiste à une des plus belles scènes de bunraku — la mort du renard blanc — on éprouve, de nouveau encore, « la poignance des choses ». Toute une partie du spectacle raconte les pleurs du renard qui après avoir été femme revient, abandonné, à sa condition animale. Sur le vaste plateau panoramique, on voit le renard seul, entouré d'une foule de vivants qui œuvrent ensemble pour animer la marionnette et raconter sa douleur. Cinq joueurs de shamisen, quatre récitants, trois manipulateurs et, camouflés, je ne sais combien de musiciens... tout cela pour arriver à dire la détresse du renard. Si dans le bunraku le travail de l'homme se laisse voir, dans les jardins secs il se soustrait, mais tout de même on peut l'imaginer posant des pierres, passant le rateau dans le gravillon. La « poignance des choses » n'est pas un fait de la nature. Elle est le résultat de l'abstraction de l'homme derrière les choses qu'il met en place et ainsi le sujet s'intègre au monde car, écrit

Berque, ici il s'agit d'une « subjectivation du monde centrifuge, et non point de celle, centripète, qui fonde le narcissisme. Dans de telles conditions, la nature de l'homme peut s'accorder à la nature des choses, aux choses de la nature et le poète peut leur déléguer le soin d'exprimer son cœur : ces feuilles d'automne *sont* la mélancolie, ma propre mélancolie... ». En Europe c'est peut-être la cerisaie de Tchekhov qui parvient à cette « poignance des choses ». L'histoire des arbres qu'on abat et celle des maîtres qui s'en vont ne font qu'un.

Mishima cite un vieux recueil de contes médiévaux selon lequel « après un laps de cent années, les objets du foyer, par métamorphose, devenant des esprits, jettent le maléfice au cœur des hommes ; et c'est pourquoi cela est dénommé Tsukumagami, ou Esprit de Malheur ». Bizarre coïncidence, mais l'armoire à laquelle Gaev consacre son monologue célèbre et qui, dans la version strehlérienne de *La Cerisaie*, a absorbé la mémoire de l'enfance perdue, a, elle aussi, cent ans.

« La poignance des choses » peut devenir « le piège des choses » et souvent au Japon on se méfie de ce qui persiste. Il y a de la vie dérobée... là où il y a « de la durée solidifiée », autour d'un tiroir, d'un meuble ou d'un fauteuil. Les Japonais aiment expulser les objets trop vieux et brûler les poupées anciennes pour « décrasser la maison » afin « de prévenir le désastre des choses... et (pour) qu'elles ne deviennent pas des Tsukumagami ». Des esprits de malheur. Néanmoins lorsqu'on voit les masques du temps de Zeami, on ne peut s'empêcher d'imaginer un nô joué sur une scène de bois calciné avec des outils d'antan. Peut-être qu'alors sa beauté deviendrait surhumaine et qu'il ensorcellerait les esprits, car au Japon où l'on respecte la mémoire, on craint les objets qui l'incarnent. Leur conjonction sur une scène risquerait d'être perçue comme maléfique et le nô pourrait être l'équivalent du Pavillon d'or, celui qu'on doit brûler pour échapper à son pouvoir.

Le kitsch ou le test d'assimilation

Il y a le Japon qu'on aime, et il y a le Japon qu'on déteste. Parfois successivement, parfois simultanément. L'attrait et la répulsion se suivent, mais c'est plutôt leur intensité que leur alternance rythmique qui rend inédite cette ambivalence, car autrement il ne s'agit que de la relation, banale même, de tout touriste au pays qu'il traverse. La simultanéité surprend encore plus lorsqu'on doit l'affronter sur un plateau. Il faut le dire, en dehors du nô, il est rare qu'on puisse accepter la scène japonaise en tant que tout, et l'œil, dont la maîtrise nous échappe, sépare, distingue, rejette là où le spectateur oriental refuse de pareilles appréciations. Je l'avoue, j'ai vécu l'expérience de la division, absurde du point de vue du Japonais, mais plausible du mien. Expérience du regard étranger, fasciné par la découverte des corps déployant l'art du théâtre, horrifié par les choses l'environnant. Peut-on aimer le corps et détester le décor ?

Sur la scène de bunraku, les manipulateurs conduisent avec perfection les gestes de ces marionnettes qui racontent des histoires d'animaux transformés en hommes pour accomplir leur soif d'amour, tandis que sur des panneaux de placage vivement peints on voit les vagues de la mer, les cerisiers en fleurs ou une forêt sous la neige. Lors d'un programme des tambours de Taniko on assiste à de véritables exploits des batteurs, à de sublimes affrontements entre un tambour et une flûte pendant que sur le cyclorama on projette des paysages d'un Japon d'agence de tourisme, ou bien on envoie des éclairages qui rivalisent avec les enseignes de néon qui éclaboussent la ville. Des rouges éclatants, des bleus sans pitié, des soleils couchants — tout cela accompagne un spectacle vital, sain, direct. Le kabuki fait jouer les mêmes oppositions entre la puissance des gestes, l'énergie des cris et, de l'autre côté, le kitsch scénographique des champs de blé peints, des troncs d'arbre en carton-pâte et des bateaux en feuilles de placage. Tout rappelle les décors occidentaux d'avant les Meininger, Antoine et Stanislavski : décors qui ne sont ni ceux de l'illusion ni ceux de la distance, mais simplement les décors du vieux théâtre. (Dans *La Mouette*, Antoine

Vitez et Yannis Kokkos ont essayé de les restituer comme une vision mentale du théâtre de jadis.) Ces décors-là signalent des lieux, lieux décrits en général, sans la moindre attention aux détails, ni la moindre vertu plastique. Être spectateur de kabuki c'est aussi voir cela et éprouver la nostalgie de la qualité de fabrication d'un mur de Peduzzi, d'un lieu de Rieti, d'une perspective de Kokkos. Le kitsch scénographique met l'Occidental à l'épreuve. L'épreuve du laid.

Un ami réplique à ces remarques en me disant que le kabuki c'est justement l'énergie du jeu et l'horreur scénographique. Et que c'est cela qui le rapproche du mélodrame, genre aujourd'hui dépourvu d'aura. Il faudrait donc surmonter cette réserve pour accepter le kabuki dans son intégralité, sans restriction, ni clivage. La difficulté reste grande pour l'Européen qui s'intéresse au kabuki comme modèle et non pas comme manifestation historique. Et dans cette perspective le kitsch est l'écueil. Comment donc le supporter à côté de l'excès du jeu et de la force mythique d'un acteur au comble de son art ? Comment accepter l'autre Japon, celui qui nous renvoie à un passé dont nous croyions nous être débarrassés ? Peut-être en modérant le prestige du kabuki pour le regarder avec ce mélange de fascination et d'indulgence qu'on éprouve devant l'art du cirque, de ce cirque d'antan qui n'a pas sacrifié sa naïveté au profit des mirages technologiques. Car ce qu'on aime alors c'est l'art des athlètes autant que la ringardise désuète des accessoires et des décorations. Peut-être qu'il faut apprendre à voir dans le kitsch du kabuki une persistance nostalgique — la sacrifier serait le mutiler — la même que celle des arts de foire que l'Occident voit disparaître. Le kitsch est pour nous un test d'assimilation. Assimilation du regard japonais.

Une vie d'homme

Pour Zeami, il n'y a pas que le talent, il y a aussi les âges. Face à l'art du nô, immobile dans le segment long du temps, comme dirait Braudel, l'interprète, être voué à la mort, sera, durant sa vie, toujours autre. Si, en Europe, pour Diderot ou Brecht, l'acteur est pensé d'emblée en tant qu'adulte, si pour Stanislavski et Jouvet l'enseignement prépare l'élève au jeu sans l'inscrire pour autant dans la durée d'une vie, Zeami invite à suivre le cheminement de l'enfance à la vieillesse du maître. A chaque étape autre, l'acteur est appelé à intégrer dans son art le propre de l'âge. Il ne l'ignore ni ne le camoufle, il le reconnaît et l'exalte. Zeami fonde son traité sur cet oxymoron particulier qui relie le nô immuable et l'acteur emporté par la roue des âges, alliance chère au Japon entre l'éternel et l'éphémère.

Le nô suppose non seulement une acquisition des techniques mais aussi une constante reconnaissance de soi. Les traités exigent de l'interprète qu'il s'admette en tant qu'humain toujours en marche sans pour autant délaisser l'expérience précédente. L'acteur ne change pas d'âge comme le lézard de peau : il en conserve le bénéfice spirituel. Dans la déclinaison des âges à laquelle se livre Zeami il nous est permis de reconnaître, par-delà l'acteur, le destin même d'un être car il y a liaison entre l'art le plus anonyme, le nô, et l'identité individuelle d'un interprète. Ils s'interpénètrent et collaborent sous l'œil vigilant du spectateur invité à veiller au maintien de leur juste équilibre. D'ailleurs, pour Zeami, le plaisir même de voir suppose aussi la capacité de distinguer sans jamais les dissocier le nô qui dure et l'être qui l'incarne, le noyau et l'écorce.

Zeami, dans le beau catalogue des âges qu'il dresse, part de l'inné pour arriver à l'acquis et enfin atteindre une sorte de légèreté ultime, légèreté des vieux maîtres parvenus au terme du voyage commencé autour de sept ans ; c'est alors que se révèle *la tonalité* d'un talent et le père doit s'enquérir de la justesse du diagnostic afin de ne pas se tromper sur « l'impulsion initiale ». Plus tard, l'interprète accède à *la grâce* et Zeami met en garde contre son illusion séductrice : elle surprend, émerveille, étonne à chaque instant, mais « cette fleur-là n'est pas la fleur authentique, ce n'est que la fleur du moment », la fleur de l'âge qui passe. L'inné se trouve déjà à son apogée et ensuite il ne fera que décliner. (A Naples, on châtrait les jeunes chanteurs à la voix d'anges, conscient que l'on était que seule l'intervention chirurgicale pouvait prolonger la pureté de leur larynx et sauvegarder leur voix adolescentine.)

L'interprète de nô ne se rebelle pas contre cette césure biologique et, par le recours à l'exercice, au métier, Zeami l'invite à franchir le seuil. Le cycle du don une fois achevé, c'est le cycle de l'acquis qui débute sans nul oubli des aventures premières : elles survivent comme des réminiscences enchantées. Pris entre un passé radieux et un futur incertain, l'acteur doit choisir car c'est l'ultime moment entre la démission et la poursuite sur le chemin du nô. S'il s'y consacre, il doit désormais « engager toute sa vie » car après le noviciat de l'adolescence il peut refuser ou accepter l'entrée dans les ordres du nô.

Ici l'avancée s'accomplit par paliers soigneusement respectés, pas à pas, âge par âge. L'art du nô épouse de près la courbe de la vie et n'exclut nul âge puisque « la fleur », chaque fois autre, peut éclore tout au long d'une biographie. La précaution à prendre consiste à désigner correctement « la fleur » de chaque cycle. Et, cette série de mutations se traduit par les changements de noms d'un âge à l'autre, une scansion onomastique à même de baliser le parcours du grand acteur.

Zeami fait de l'alliance entre le grain de l'âge et les secrets du métier la voie à suivre afin de parvenir à l'épanouissement suprême. Il durera peu car dès la quarantaine le crépuscule s'amorce; parce que brève, la perfection du nô est d'autant plus précieuse. Une fois atteinte cette frontière, l'interprète, pour ne pas déchoir, doit « se montrer encore plus sévère pour soi-même ». Nul compromis, nulle complaisance : l'intransigeance ne peut être que sans faille.

Les traités de Zeami désignent les mirages à écarter, suggèrent les tâches à assumer, prodiguent des conseils stylistiques à respecter. Et cela avec une justesse aujourd'hui encore confirmée. Ainsi, après le cycle de l'acquis s'engage le dernier, celui de la transmission, et l'acteur à partir de la cinquantaine doit se choisir « un second », légataire virtuel du savoir obtenu sur la voie du nô. Et enfin, pour conclure, l'interprète arrivé au sommet de son art s'engage sur le chemin du « renoncement ». Alors, déjà âgé, le maître sacrifie ses outils et fait de « la non-représentation » l'idéal de son art, art suprématiste qui rappelle le célèbre blanc sur blanc de Malevitch. Quand l'on atteint la splendeur immobile du non-jeu le nô s'achève. Et avec lui une vie d'homme.

Le regard fixe

Dans le nô les fantômes s'objectivent. Ils arrivent convoqués par le waki, mais ensuite celui-ci cesse d'entretenir tout contact avec eux. Son regard se dirige ailleurs et fixe un point perdu dans le néant. Loin. Nulle part. Et pendant ce temps-là, devant lui, dansent et chantent les êtres venus de l'au-delà. Ils nous apparaissent comme issus d'un paysage mental... Les revenants, sur la scène de nô, ressuscitent à l'appel du waki mais sans rester pour autant ses prisonniers. L'au-delà se présente devant nous « ossifié », comme dirait Artaud, animé du même goût que le Japon a pour l'os, pour la branche, bref pour le squelette, de l'homme ou de l'arbre. Dans le nô, où les fantômes acquièrent leur autonomie, le waki, face à eux, s'abandonne à la méditation dont le regard fixe est la preuve. Une fois le revenant arrivé, son esprit s'éclaire. Il n'a rien de l'obscurité romantique. Le nô n'est pas l'affaire d'un sujet en proie aux fantasmes.

Les fantômes se déplacent tranquillement. En pleine lumière. Il n'y a point de noir et en cela le nô rejoint de nouveau Artaud qui demandait que les affres du corps soient confrontés à l'éclat du jour. Durs, ces fantômes résistent. La circulation d'un monde à l'autre ne réclame pas le clair-obscur ni la nuit tourmentée : elle se fait donc dans la clarté. La clarté du regard fixe. La clarté de la concentration.

Le masque voit

Un ami japonais, familier du nô, m'offrit un jour cette phrase : « Ce n'est pas l'homme qui regarde, c'est le masque qui voit. » Antinomie poétique, énigme à conserver.

Le nô qui cherche à effacer la subjectivité afin de mieux accéder au monde des esprits qui déambulent, des fantômes en manque de paix, des démons à jamais vengeurs ne peut se passer du masque, son essentiel outil. Zeami considère même que, sur une scène, le visage sans masque étant insupportable, l'acteur est dans l'obligation de donner à sa physionomie les caractères du masque. Dans le nô il y a donc le masque que l'on porte et le masque que l'on intègre. Il revient au kyôgen, son complément comique, de libérer le visage dont il exploite les ressources, son pouvoir de surprendre, de se transformer, de changer d'expression. Le visage traduit les accidents des personnages à identité faible, le masque fixe des attitudes fondamentales. L'un participe au mouvement, l'autre bloque la durée. Le visage parle, le masque exprime.

Dans le nô, techniquement d'abord, l'acteur ne peut diriger le regard vers la salle car les fentes miniaturales l'en empêchent et Hideo Kanze m'apprend la difficulté qu'il y a pour le shite à relier la vue dont la portée ne dépasse pas un mètre et la voix censée pénétrer la salle toute entière. Le masque n'atteint la beauté qu'en restant presque immobile, tandis que la voix, elle, doit épouser le fameux mouvement par vagues du jô-ha-kyû, celui du début, de l'accélération et de l'apaisement. La voix s'agite, le masque se tait.

« L'homme regarde, le masque voit. » L'observation invite à distinguer entre les ressources du masque et les limites de celui qui le porte. Ce dernier ne peut que *regarder*, action dépréciée par l'esprit oriental qui valorise le *voir. Regarder* signifie jeter sur le monde une vue générale, globalisante, indistincte, tandis que *voir* suppose une vue concrète, concentrée, une vue qui franchit la surface des choses. L'acteur regarde les phénomènes, le masque en saisit l'essence.

La tradition occidentale récente a fait du masque un outil du camouflage et de la dissimulation, tandis que le nô l'érige en projecteur vers le noyau du monde. Le masque *voit*... L'acte compte plus que l'objet et ainsi le masque impose l'autorité d'un verbe : *voir*... il indique une direction sans jamais révéler ce qu'il *voit*.

Le rôle secondaire

On le sait, les koken, ces assistants scéniques habillés en noir au visage couvert d'un voile qui interviennent sur scène durant la représentation, ont captivé Meyerhold et Eisenstein. Ils y voyaient la reconnaissance du théâtre en tant qu'art de la convention. Plus récemment, Mnouchkine les a utilisés dans ses Shakespeare.

Les koken arrangent le costume de l'acteur, remettent en place un pli, enlèvent une des strates de ces vêtements de scène « géologiques », apportent ou retirent des accessoires. Lors d'une longue scène, le koken pose une sorte de tabouret sur lequel l'acteur s'assoit tandis que lui-même, accroupi, tourne le dos au public, pour redoubler le noir comme signe d'invisibilité. « Ils sont en noir, ils sont invisibles. » Les tâches du koken abondent. Un jour je vois un koken qui vient apporter le tabouret, qui range le costume, ramasse des chaussures laissées sur scène et ensuite attend pour récupérer le tabouret. Le Japon a mis au point une véritable taylorisation du travail des koken.

Chaque acteur, de nô ou de kabuki, se fait habiller par le koken qui, tout à la fois, connaît les secrets du costume et les goûts de celui dont il a la charge. Sa mission consiste à satisfaire les besoins du rôle de même que ceux d'un corps : il sert d'intermédiaire entre eux.

Antoine Vitez en jouant Thésée comprend que l'acteur dans le théâtre classique ne peut se passer d'habilleuse, et l'acte même de jouer suppose son existence secrète, cachée. Le théâtre oriental obéit à la même loi car l'acteur ici n'est jamais autonome : sa théâtralité suppose pour toujours une dépendance et une hiérarchie. Le maître et le koken sont inséparables.

Le koken agit, mais aussi il voit le spectacle, il n'ignore aucun détail. Rien. Et ainsi c'est lui qui finit par le connaître le mieux. Au Japon, apprend-on avec surprise, plus que le maître c'est le rôle secondaire — le koken, le choriste, le joueur de shamisen — qui assure la transmission de l'héritage théâtral. Il aide les jeunes à apprendre et les maîtres à se rappeler. Sa fonction s'accroît aujourd'hui où une compétition souterraine, mais réelle, commence à pointer entre le père et le fils. Grâce au succès à la télévision ou au cinéma — les Japonais adorent les sérials historiques — des acteurs jeunes de kabuki sont appelés plus vite que par le passé à jouer des rôles importants et alors la concurrence surgit. Le rôle secondaire sert de tampon entre le père et le fils. Indifférent à leurs conflits, il accomplit sa mission : communiquer le savoir traditionnel afin que le kabuki survive correctement. Le grand art dépend du petit rôle.

Le petit livret

A côté de moi, dans une salle de Kyôto, une vieille dame chez qui tout est rond — les joues, les lunettes, la silhouette — est plongée dans la lecture du livret du nô auquel nous assistons. Elle écoute plus qu'elle ne voit. La vieille dame me rappelle une célèbre gravure du Teatro San Carlo de Naples où, au milieu de la distraction généralisée, on remarque un spectateur blotti, lui aussi, sur son livret. Chacun suit avec plaisir le passage de la scène au livre. Ils comparent, confrontent, détectent les incorrections et saluent les réussites. Toujours par rapport au modèle thésaurisé par l'écrit.

Le livret de nô que les spécialistes possèdent à la maison et que les débutants acquièrent à la librairie du théâtre contient l'œuvre écrite en vieux japonais que l'on comprend à la lecture seulement, presque comme les pièces de Shakespeare à Londres. A cela s'ajoutent des dessins qui indiquent les katas, ces postures transmises de génération en génération que l'acteur de nô accomplit sur le plateau. L'image sert de point de repère au spectateur/lecteur, mais aussi de comparaison : le dessin du livret est ancien, le corps sur le plateau est actuel. Entre les deux l'adéquation doit être complète.

Le fils indispensable

Sans fils point de tradition. Bien qu'à l'origine de certaines formes se trouvent parfois des femmes — Okina pour le kabuki —, les hommes seuls les accomplissent et eux seulement sont à même d'en assurer la pérennité. Le théâtre japonais fait de l'homme son cœur et son centre.

Nobuko Albery, dans son roman consacré à la plus renommée famille de nô, la famille Kanze, érige la filiation qui s'est établie entre le père fondateur Kan.ami et son fils de génie Zeami en matrice de cet art de la perfection. Les difficultés survinrent plus tard, à la suite du décès prématuré de celui qui succédait en ligne directe à Zeami, Motomasa, et l'apparition d'une branche impure, adultère, celle de Moyoshige. Le nô se réalise grâce aux hommes et s'interdit même de livrer les secrets à l'autre sexe, celui qui dans le Japon d'aujourd'hui a pour vocation d'affiner son regard, de veiller au respect des normes et à la pédagogie de nouveaux spectateurs.

Le kabuki, lui non plus, ne transige pas avec les interdits et la scène reste également interdite aux femmes. La prostitution que l'on expliquait par la présence des jeunes filles fit place à l'homosexualité érigée presque en pratique indispensable à l'exercice correct de l'art des onnagata pour qui, selon les célèbres « dits d'Ayame », vivre en femme tient du régime obligatoire à une conduite professionnelle irréprochable.

Le théâtre joue le monde, mais n'accepte, pour se perpétuer, d'autre voie que virile. C'est pourquoi le fils est indispensable. C'est pourquoi rien ne vaut pour une famille la chance d'avoir un fils. Sans nulle liberté de choix et parfois malgré un manque évident de dispositions, dès la naissance on le voue au théâtre : il a pour charge de perpétrer un nom et de déployer un renom. Il naît en prince de scène et sa légitimité, personne ne la contestera. Le fils indispensable sera toujours le fils admirable.

Mais lorsque le fils est absent, nul maître n'accepte que le nom s'éteigne et que la famille meure car il y va de sa raison d'être. Par une ruse que le Japon a admise il procède alors au choix d'un jeune homme plus ou moins apparenté qu'il consacre comme fils adoptif. C'est à lui qu'il communique son savoir et lègue son nom. Au Japon on n'est rien sans un nom, mais le nom sans fils... l'adoption sera donc le subterfuge nécessaire pour sauver une filiation menacée. Elle permet à un candidat dépourvu de nom d'accéder à la scène et à une famille d'éviter son intolérable achèvement. Mais le fils adoptif, plus que le fils légitime, devra conquérir sa renommée par l'éclat de son art, car pour celui qui est de rang inférieur dans la hiérarchie, seul le succès pourra faire oublier l'impureté de son origine. De Tamasaburo ne dit-on pas même aujourd'hui : « il est splendide bien qu'il soit fils adoptif » ?

Au Japon il ne suffit pas d'être un homme pour intégrer le monde du théâtre traditionnel, il faut aussi être un fils. En dehors de la famille et de sa lignée nul espoir d'accès au plateau... si le Japon a sauvegardé le nô ou le kabuki cela s'explique aussi par le maintien de ces mœurs d'un conservatisme que le temps n'a en rien affecté. « Notre fils » — cette expression familière à tout maître prend au Japon une valeur symbolique. Elle protège contre la fin.

Le gidayu ou l'absolu du conteur

Sur le plateau du nô, du kabuki ou du bunraku les activités sont multiples, et constamment visibles, à l'exception du musicien du kabuki, dissimulé, lui, derrière une jalousie. Personne ne se cache, tout se produit sous nos yeux : l'évidence est extrême. Chacune de ces activités qui accompagnent le jeu et les acteurs a ses maîtres, ses écoles, ses hiérarchies. Malgré leur emplacement, l'importance de ces artistes n'a rien de secondaire et l'Occidental inexpert doit apprendre à regarder les marges et honorer ses occupants.

Cette distribution sur les marges des participants

qui communiquent sans cesse avec l'acteur et agissent pour soutenir le bon déroulement de l'action érige en impulsion du travail théâtral le principe dialogique, principe qui, cela va de soi, ne se résume pas aux échanges verbaux des protagonistes. Il se place au cœur même des activités de la scène.

Légèrement surélevée, côté cour, se détache la table du gidayu sur laquelle il pose son texte. Au départ il débute par les données premières de la narration pour glisser ensuite vers l'avènement des personnages dont, au bunraku, il devient l'interprète protéiforme. Le gidayu développe une extraordinaire rhétorique des affects : la voix enfle, murmure, se fait menaçante ou féminine, crie ou se réjouit. Le dynamisme de ce déferlement des sons, s'équilibre par l'absolue immobilité du conteur. En s'appuyant toujours sur le livre dont il tourne les pages avec emportement, le gidayu éveille une ronde de personnages aux sonorités bien déchiffrables, parfois même trop explicites pour l'oreille occidentale. Dans son récit il utilise des stéréotypes vocaux — rires, pleurs, ricanements — grâce auxquels pour chaque caractère rien n'est caché. L'être apparaît entièrement contrôlé par le gidayu aux lèvres duquel son destin, sa nature, sa vocation sont attachés. Le gidayu est le maître excentré de la scène.

L'art des grands gidayu consiste à isoler les personnages, à détacher nettement leurs voix par des ruptures et des chocs sonores qui galvanisent le public japonais. Ainsi on passe du ton larmoyant imposé aux femmes par les règles de conduite au grondement le plus terrible... on cultive le contraste et son évidence enivre la salle. Mais ce qui risque d'apparaître comme une addition disparate de clichés vocaux — véritables masques phoniques de chaque personnage — accède à une unité grâce à l'engagement sans faille du gidayu. Il exclut toute distance et fait sienne l'histoire tragique des héros. Le gidayu se dépense et, ni à l'écart, ni en sécurité, il montre de quel prix se paye tout récit de la vie d'un homme. Et ainsi aux affres du personnage s'ajoute la combustion, en rien fictive, du conteur.

Le gidayu, à l'opposé des conteurs traditionnels, n'est pas isolé sur un tapis, seul face à un public qu'il envoûte par ses récits, puisqu'ici les personnages dont il narre les destins se déplacent, s'agitent, s'évanouissent sous nos yeux... chez nul autre conteur il n'y a de pareille matérialisation. Les êtres, il ne les évoque pas seulement, il les fait même apparaître, il leur donne la parole ou il la leur retire, les pousse dans des aventures ou les abandonne à leurs déchirantes souffrances. Dans un monde de l'excès, chargé de pouvoirs démiurgiques, le gidayu c'est l'absolu du conteur.

L'œil libre du spectateur lettré, spectateur occidental, possède le privilège de la liberté des mouvements : il peut encore rapprocher, confronter ou comparer ce qui pour le spécialiste est déjà isolé par les cloisons infranchissables des genres. C'est pourquoi une opposition poétique forte s'imposa un jour à mon esprit : celle qui met face à face le gidayu du kabuki et du bunraku et le waki du nô. Également côté cour, l'un se trouve en scène, à l'un de ses coins, le waki pris à part entière dans la fiction de l'œuvre, tandis que l'autre, le gidayu est déjà sur les marges pour surplomber discrètement la scène dans son ensemble. Chacun immobile, c'est par leurs rapports à la parole qu'ils se distinguent : le waki est muet, le gidayu est bavard. L'un se réclame de l'économie, l'autre de la dépense verbale. L'un regarde le passé, l'autre raconte le présent. L'un invoque les fantômes, l'autre convoque les personnages. L'un semble frappé de stérilité passionnelle, l'autre succombe sous le trop plein des affects, l'un se souvient, l'autre engendre, l'un veille, l'autre surveille. Le waki et le gidayu — ils disent ce qui sépare le nô du kabuki.

Sueur d'acteur

J'ai vu au Japon de la sueur d'acteur. De même que j'en ai vu dans les spectacles de l'Odin Teatret. Ou sur le visage de Niels Arestrup jouant Lopakhine dans *La Cerisaie*, mise en scène par Brook. Cette sueur-là, sueur de théâtre, est ambiguë.

Dans une *Bérénice* montée par Moriaki Watanabe l'intensité de l'engagement physique fait que les acteurs finissent par transpirer beaucoup. Et des visages de Titus et de Bérénice, comme de vraies nappes phréatiques, dégorgent des ruisseaux intarissables. La sueur si présente ne dit plus l'effort seulement, elle participe au climat tragique. Sueur des affres de l'amour. Et elle finit par participer à la fiction. Ou au moins il y a la possibilité de la percevoir ainsi, mais les acteurs, en s'essuyant après chaque sortie et en regagnant le plateau tels des boxeurs après le repos au cri du gong, enlèvent à la sueur la possibilité de se joindre pleinement à la fiction. Elle finit alors pas n'être qu'aveu immaîtrisable de labeur. Niels Arestrup qui, lui aussi, transpirait beaucoup, avait pris un mouchoir. Le mouchoir de Lopakhine. Et ainsi grâce à lui la sueur était sueur du personnage autant que sueur d'acteur. Elle appartenait aux deux.

Dans le kabuki les difficultés du rôle sollicitent beaucoup les comédiens. Il y a là une forte dépense corporelle, mais le visage peint dissimule la sueur dont les gouttes perlées s'estompent dans le blanc du maquillage. On peut les apercevoir seulement si on est tout près. Le visage qui camoufle les traces de l'effort s'apparente alors à l'œuvre d'art qui, elle aussi, selon l'esprit japonais doit écarter toute marque visible de la subjectivité. Ici, dit le grand maître de kabuki Nakamura Tomijurô, « il ne faut jamais trahir la fatigue ou l'effort, car l'art de l'acteur doit être pareil aux vêtements des créatures célestes : sans couture apparente ». La sueur c'est la couture. C'est elle qu'on cache.

Grotowski raconte que lors d'un spectacle de l'Opéra de Pékin on acclamait les performances du père, tandis qu'on faisait un accueil plus que réservé au fils. Lui-même n'arrivant pas à distinguer la qualité de leur art, il interrogea quelqu'un qui lui répondit : « C'est que le fils transpire, tandis que le père non. » La sueur, dans les théâtres traditionnels, en rendant trop visible l'effort, disqualifie la performance : elle perd sa vocation impersonnelle et le corps de l'acteur l'investit abusivement.

Dans le bunraku, par contre, la sueur du récitant fait partie de la beauté même de sa prestation. Il crie, chante, pleure, se lamente jouant tour à tour les jeunes et les vieillards, les pères malheureux et les femmes abandonnées. Mais il n'incarne jamais intégralement un personnage, il en raconte une série en passant de l'un à l'autre. N'étant pas assimilable à un seul personnage, sa sueur ne pénétrera jamais dans la fiction, pour rester seulement de ce côté-ci, du côté du travail du conteur. Si elle est extérieure à la situation jouée, elle n'est nullement extérieure au spectacle. Elle en accroît la puissance. Le visage ruisselant de sueur de Takemoto Tudayu vient prouver son engagement absolu dans l'acte de conter; elle ne parasite pas le spectacle, bien au contraire, elle se présente comme son versant humain, car les marionnettes, en dépit des plus terribles émois, ne peuvent guère suer. C'est le privilège de l'homme qui équilibre par la matérialité de la sueur, de même que par la violence des cris, l'abstraction des héros en bois lisse.

Un soir, au plan B, petit théâtre de Tôkyô, Tanaka Min danse le corps couvert d'une fine couche de terre qui l'apparente à des êtres obscurs, nocturnes, auxquels souvent le butô assimile l'espèce humaine tout entière. Il bouge lentement, avec de longs moments de concentration presque immobiles et, assez vite, la rosée de la sueur surgit... plus tard des gouttes tombent même sur le plancher. Le corps dégouline, mais la sueur en même temps le lave de la strate de terre, le nettoie, le purifie. A la fin l'eau des muscles a tout emporté. La sueur cesse alors de dire seulement l'effort, toujours à la limite du supportable. Elle s'inscrit même dans le spectacle et accomplit son expression. Le travail du danseur l'a aidé à retrouver la netteté de sa peau, le dessin de ses veines. La sueur a libéré le corps. Tout se joue donc entre la sueur qui ne dit que l'engagement physique[1] — saisissante tant qu'elle reste complètement extérieure à la fiction — et la sueur qui peut parler comme un signe à l'orée du sens. « Le signe qui saigne », dirait Danièle Sallenave.

1. N'est-ce pas cela que veulent dire Hallyday et tant de chanteurs rock lorsqu'ils exhibent la sueur non pas uniquement sur la scène, mais aussi sur les affiches publicitaires ? La sueur ne trompe pas. Elle est la preuve du vrai. Du don de soi. De la participation.

Par contre lors du spectacle Brecht, *Cendres*, Eugenio Barba, qui avait installé de petites tables avec des boissons pour les premiers rangs de spectateurs, voulait opposer ce confort à l'effort des comédiens. D'un côté la sueur, de l'autre la bière.

Économie et dépense

Nul acteur de nô n'ignore le célèbre conseil de Zeami, clef de voûte pour chacun : « Faites mouvoir votre esprit aux dix dixièmes, faites mouvoir votre corps aux sept dixièmes ». Si les exercices libèrent l'esprit, le corps, pour accomplir l'expression du nô, devra adopter une réserve et accepter de montrer moins, bref d'être en deçà du mental. Ici l'économie expressive fait loi, économie qui renvoie aux exigences jansénistes. Le nô est racinien.

Le nô réclame l'économie presque pour mieux exploser car à la longue lamentation d'un personnage égaré, démon ou princesse, peut succéder ensuite une violente déflagration où le chœur s'enflamme, les musiciens accélèrent le rythme et le shite alterne avec force coups de pied au sol, mouvements de perruque, tournoiements furieux... alors le nô touche au zénith de la surexpressivité pour s'apaiser après et mieux faire ressortir les vertus du calme retrouvé. Ces accès de fièvre lui permettent de restaurer l'économie passagèrement abandonnée. On y reconnaît presque la même articulation entre la litote et son débordement ponctuel que dans *Phèdre* ou *Bérénice*.

En revanche, le kabuki fait de la dépense sa règle

d'or car cet anti-nô explicite entend séduire d'emblée, fasciner et éblouir. C'est un art « baroque », comme son nom l'indique. Ici l'on charrie tout ce dont la scène dispose, on se livre à des combats sanguinaires et à des suicides pathétiques car la loi sera à tout jamais celle de l'excès. Excès qui interdit toute assimilation du théâtre au quotidien, à la normalité... Ayame ne définissait-il pas l'acteur de kabuki comme étant « pour trois dixièmes homme et pour sept dixièmes démon » ? Ici nous sommes dans le règne de la démesure. Si le nô rappelle Racine, le kabuki renvoie à Claudel toujours prêt à mettre à feu et à sang la scène, à éveiller ses capacités dépensières et à déployer son énergie sans rivages. *Le Soulier de satin* n'est-il pas le grand kabuki du théâtre français ? Oui, le kabuki est claudélien.

Par rapport au nô, l'articulation économie-dépense subsiste, mais inversée, puisque au sein de cette dominante effervescence expressive, de ce faste de la scène se détachent parfois des instants de solitude, les instants de malheur où les amants se préparent à la mort et où la mère pleure la fin de son fils. L'économie dans le kabuki reste indissociable de la femme, jeune ou vieille... c'est elle qui apporte une paix momentanée et le recours au signe discret, opposé au signe exacerbé, amplifié et superbe que cultive le style héroïque des inépuisables guerriers. Sur la scène de kabuki c'est l'onnagata qui sauve l'économie. N'ai-je pas entendu Tamasaburo dire dans sa loge : « Ce soir j'ai été bien retenu. »

Dans le nô l'économie apparaît comme l'aspect

principal tandis que dans le kabuki c'est la dépense ; chaque genre accorde une chance, fût-elle minime, à l'aspect contraire afin de cultiver une dialectique interne dont Zeami aussi bien qu'Ayame font la vertu suprême de tout spectacle accompli. Peu importe que l'assistance soit aristocratique ou populaire!

C'est autour de ce même axe que s'est joué au Japon l'affrontement entre tradition et avant-garde car la première, assimilée à l'exercice systématique de l'économie des signes, a engendré la réaction perturbatrice des artistes modernes défenseurs de la surenchère expressive, du déferlement libérateur, du refus absolu de la réserve. Plus excessive que toute autre, l'avant-garde japonaise, de Terayama à Hijikata, du théâtre à la danse, a érigé la dépense en voie de la renaissance. Le Japon moderne n'a pas vu s'éteindre la dispute de l'économie et de la dépense qui agite depuis des siècles la méditation du nô ou calme la tourmente du kabuki.

Voir

Dans *Pays de neige*, le roman de Kawabata, un professeur japonais, Shimamura, épris de l'Occident, avait décidé d'étudier sa danse sans la voir comme s'il craignait pour la pureté de sa projection, comme si le réel ne pouvait toujours que décevoir l'image forgée par l'esprit. Le professeur, lui, a d'abord entretenu un commerce étroit avec la danse japonaise dont il possédait les arcanes et maîtrisait le savoir, et, ensuite seulement, il dévia pour se consacrer à partir d'une « érudition livresque » à la danse occidentale. Celle-ci, il s'obstinait à la méconnaître, à entretenir avec elle une parfaite relation mentale, contraire à la relation concrète, immédiate, observée avec la danse japonaise. Et ainsi, Shimamura dressait sa version utopique de la danse occidentale à partir de la confiance faite aux mots. Opiniâtrement oublieux du concret, les yeux rivés vers une beauté étrangère, il s'engageait sur la voie d'un idéal que seule la pensée pouvait construire, horizon intellectuel, perspective théorique.

En revanche, les artistes occidentaux bien réels, de Craig à Meyerhold et Eisenstein, de Brecht à Artaud, c'est uniquement lorsqu'ils ont *vu* le théâtre oriental qu'il y a eu choc esthétique. Chacun admet que la *vue* et jamais la lecture leur a révélé ce que ce théâtre contenait de véritablement différent. A Meyerhold, son bagage théorique, sa documentation, lui ont tous semblé superflus face au spectacle de kabuki auquel il assistait à Paris pour la première fois. Alors, reconnaissait-il, « il m'a semblé que je n'avais rien lu, que je ne connaissais rien du kabuki ». Eisenstein, encore plus avancé que Meyerhold dans la connaissance du Japon, eut, lui aussi, besoin de *voir* la tournée de Ichikawa Sadonji pour enfin saisir les mécanismes du kabuki. Brecht pour la Chine, Artaud pour Bali s'appuyèrent aussi sur la vue de l'acteur-danseur qui se présenta comme modèle exemplaire, facilitant la formulation de leur propre programme théâtral. Claudel, lui aussi, ne put écrire *Connaissance de l'Est* qu'après avoir éprouvé l'émerveillement du nô.

Les artistes japonais, à leur tour, lorsqu'ils se lancèrent dans une quête de renouveau, ont ressenti le même appétit de connaissance directe, non médiatisée, du théâtre occidental. Osanai Kooru va accélérer l'insertion du modèle théâtral européen après avoir traversé les principales capitales, de Moscou à Paris. Son programme, fondé sur un savoir livresque et une expérience concrète, va mener à l'installation du shingeki, théâtre à l'occidentale, à partir des années 20.

Une distinction est à faire : les artistes occidentaux, pour la plupart, ont eu une connaissance événementielle de la scène japonaise : une comédienne au début du siècle, Sada Yacco, des tournées, suivant la fameuse voie du Nord avec Moscou et Berlin pour têtes de pont, se trouvent à l'origine de ces surprises radicales. Vue météorique... Par contre, les artistes japonais pratiquent plutôt l'imprégnation et la longue durée — Copeau aura même un assistant japonais — car ils retournent à Tôkyô après des passages prolongés en Occident. Si la vue de l'artiste européen se laisse éblouir par l'événement oriental, celle de l'artiste japonais réclame la maturation lente et l'accoutumance progressive. Les conséquences subies vont porter la marque de ces deux approches, car si chez les Occidentaux la révélation japonaise aura des effets immédiats, distincts, repérables sur le plan des mutations esthétiques personnelles, chez les Japonais leurs longs séjours en Occident finissent par imposer un genre théâtral aujourd'hui pleinement intégré, le shingeki.

Shimamura refuse de voir la danse occidentale pour mieux la constituer en horizon mental ; les artistes, en revanche, ne peuvent effectivement se définir par rapport au théâtre de l'Autre sans le voir. Leur approche ne tient pas de l'idéal pur, elle est concrète, elle sert d'appui pour améliorer l'exercice courant de leurs scènes nationales ou reformuler les grands axiomes théoriques. La *vue*, incontournable exigence pour l'homme de théâtre!

Voir ou *penser* une pratique : l'alternative peut se présenter au sein même d'une culture et la réponse que me donna Masao Yamaguchi sur le genre de théâtre qu'il préfére me revient à l'esprit : « Au nô j'aime y penser, le kabuki j'aime le voir. » Le plaisir de la projection et le plaisir de l'expérience, de l'imaginaire et du vécu. Comme pour le spectateur que je suis et qui pourrait paraphraser la formule de l'ami japonais : « A la tragédie j'aime y penser, Shakespeare j'aime le voir. »

L'ignorance bénéfique

Du théâtre de l'Autre, dans le siècle, les artistes ont subi le choc révélateur, mais toujours sur fond d'impossible accès à son entière plénitude. Ni Brecht, ni Artaud, ni Claudel, ni Yeats ne possédaient le savoir, culturel ou linguistique, familier à tout spectateur informé en Chine, à Bali ou au Japon. Ils voyaient des images sans entendre les mots, ils admiraient des gestes sans en connaître les codes. Et pourtant ce sont eux qui furent les spectateurs de génie du siècle !

Il n'y a pas de doute, leurs intuitions surgirent d'une « attente critique » que chacun portait en soi. « L'attente critique » c'est l'attente d'un artiste révolté contre l'art de son temps ou de sa culture, artiste qui grâce au théâtre de l'Autre parvient à reconnaître l'objet de sa quête. Celui-ci est appelé comme témoin dans le procès en manque de preuves concrètes que le metteur en scène occidental avait déjà engagé contre un théâtre qui l'exaspérait. « L'attente critique » est le levain ayant le pouvoir d'engendrer ces textes libérateurs nourris par la révélation du théâtre oriental.

Certes, Claudel ou Brecht, Artaud ou Yeats n'ignorent pas le système de pensée qui régit les civilisations dont ils admirent les spectacles, mais ces réfugiés dans l'ombre des grandes formes traditionnelles de l'Orient ne pouvaient approcher que leurs contours. Sans accès à la réalité des détails, il leur était interdit de s'attarder sur le rapport entre un geste et un chant, entre l'ancienneté d'un signe et le génie d'un interprète. Leur regard ne pouvait être qu'imprécis, incertain, donc forcément libre et, parce que partiellement désinformés, ces spectateurs en instance d'attente critique ont pu ériger le théâtre de l'Autre en utopie productive.

Dans les spectacles de l'étonnement oriental il y a eu assez de concret pour que l'imagination s'épanouisse et en même temps suffisamment d'opacité pour que l'approche ethnographique n'opère pas. Les grands visionnaires ont écrit donc sur des objets qui à la fois leur échappaient et confirmaient leurs vœux naissants. Les textes qui témoignent du choc asiatique surgissent, on doit s'en souvenir, au croisement d'un désir et d'une incompétence.

Antoine Vitez procédait parfois à un exercice hasardeux, celui du travail sur le nô sans que les élèves se munissent d'aucune information préliminaire. Dépourvu de savoir aussi bien que de guide, le groupe se fie alors au chemin balisé uniquement par les mots. Vitez cherchait ainsi à trouver le climat d'une incertitude féconde, car il souhaitait partir du texte sans en connaître la forme scénique préétablie, de même qu'inversement Claudel découvrait la forme sans pouvoir jouir de la splendeur du texte. Ainsi l'esprit, suffisamment détaché, peut circuler d'un monde à l'autre et inventer « les classiques des autres ». Lorsque devant l'Orient le spectateur occidental préserve une bénéfique dose d'ignorance et le comédien un juste pourcentage de désinvolture, il y a chance que cet Orient aide à féconder et non pas seulement à informer. La rencontre s'accomplit alors sans oubli de soi ni perte dans l'autre, elle se place sur le terrain de la transaction, du mélange, de l'impureté, bref de ce qui au théâtre facilite l'échange. Et par là même l'accouchement.

Brecht et le Japon

Au Japon on pense souvent à Brecht. Des détails, des accents révèlent une parenté dont je prends l'entière mesure... Dans un musée d'artisanat la calligraphie qui sert de devise semble sortir tout droit d'un de ses poèmes : *usability equals beauty* (l'utilité c'est l'égal de la beauté).

Dans la langue même on décèle un « esprit brechtien » car ici toute conversation appelle la précision quant à la situation du partenaire, à l'âge, au statut social. « Le contexte éclaire tout », écrit Berque car le japonais est « une langue lococentrique » où le sujet doit se définir chaque fois par rapport à un ensemble de données précises. En disant cela on rencontre le principe même de la pensée brechtienne, méfiante à l'égard des propos oublieux du particulier, trop tournés vers le général.

Les techniques de distanciation, se retrouvent toutes au Japon (peu importe si, pour le public, elles n'affectent pas le fonctionnement de l'illusion de la même manière que pour nous). Mais jamais je ne les ai reconnues autant que dans le rokyoku, les mélodies d'Ôsaka, ancienne forme de spectacle en train de mourir. Pour cette liturgie de la vie quotidienne le conteur fait alterner le dramatique — il joue des personnages, des actions — avec l'épique — il chante accompagné par un joueur de shamisen caché derrière un panneau.

Dans une si évidente alternance du dramatique et de l'épique chez un seul comédien il est facile de reconnaître une version archaïque de la distanciation. Mise à nue comme sur une table de montage. D'ailleurs pour quelqu'un comme Antoine Vitez ou Peter Brook c'est dans les spectacles simples, naïfs — spectacles d'amateurs — que la distanciation fonctionne le mieux.

Presque pour sceller symboliquement la parenté de Brecht et du Japon, je retrouve dans une librairie la première édition des nô traduits par Waley d'où Brecht a tiré *Celui qui dit oui, celui qui dit non.* Ce livre aux couvertures gondolées, échappé aux inondations, est celui sur lequel a travaillé Elisabeth Hauptmann pour traduire en allemand la pièce de Zenchiku, sur ce livre Brecht a passé des heures. Loin de l'Europe, j'éprouve, pour la première fois, l'attrait fétichiste d'un livre.

Le message d'Eisenstein

Le pourtour de toute scène japonaise traditionnelle est chargé et l'on n'y trouve pas cette distinction franche, familière à l'homme de théâtre occidental entre le *en scène* et le *hors-scène*. Les marges, dans le pays du centre manquant, sont décisives. Elles n'ont rien de subalterne ni leurs occupants rien de secondaire. Cela surprit Eisenstein qui crut déceler dans le kabuki un modèle d'activité artistique réfractaire aux hiérarchies coutumières à l'Europe : pour le metteur en scène russe, chaque art convoqué par le kabuki, de même que chaque artiste, assume sa vocation sans se plier à nulle autorité supérieure. Il a son autonomie et elle lui facilite l'inscription dans cet ensemble où la hiérarchie s'absente et l'oppression du pouvoir central n'a pas droit de cité. C'est à partir de cette lecture du kabuki qu'Eisenstein s'engage dans la défense du cinéma sonore à l'heure de son avènement car, précise-t-il, celui-ci n'exige pas impérativement la soumission de l'image à la bande son et, de même qu'au Japon, l'utilisation du contrepoint est envisageable. Dans le cinéma sonore il ne s'agit nullement d'instaurer une quelconque autorité et c'est la parité qui doit régner.

Elle seule permet au cinéma sonore de se dérober aux pièges du réalisme mimétique vu que le son et l'image dialoguent librement sans que nul s'impose à l'autre. Le kabuki inspira à Eisenstein ce modèle de relation et, de même que Brecht, il a intégré ainsi l'Orient dans les débats les plus aigus de l'Europe des années 20.

Mais le texte d'Eisenstein, j'en ai la conviction, contient un message encore plus secret, strictement codé, message politique cette fois-ci. L'artiste de génie qui avait déjà compris les exigences de la ruse dans le pays des Soviets s'appuie sur l'exemple du kabuki pour faire passer, sous le manteau, ses convictions les plus intimes, voire les plus dangereuses. A l'heure où le discours officiel ne tarit pas d'éloges à l'égard de la doctrine officielle du centralisme démocratique, véritable foyer du totalitarisme stalinien, Eisenstein défend un art venu du Japon pour tout ce qu'il révèle comme capacité de résister à l'emprise du centre. Un art dont l'essence même réclame constamment la remise en cause de l'autorité unique, un art de la réévaluation permanente des rapports de force. Dans cet hommage on peut lire, à travers les mots, l'écho de la formule trotskyste tant prohibée, la célèbre « révolution permanente ». Rien de plus contraire au stalinisme inquisitorial et rien de plus risqué que d'affirmer pareilles convictions ! Eisenstein l'osa en utilisant le kabuki comme écran, de même que plus tard Boukharine fit appel à Shakespeare lorsqu'il acheva son autocritique, arrachée au forceps de la torture, par les vers célèbres de Richard II avant sa déposition sous l'ordre d'un Bolingbroke assimilé au maître du Kremlin. Toute dictature invite à déployer le raffinement de tels messages chiffrés où l'appétit de vérité épouse l'espoir de vie, où le courage et la lâcheté se confondent. Message lancés par temps de peste pour des lecteurs à venir...

Le kabuki du Soleil

Le kabuki ne m'a fait penser au *Théâtre du Soleil* que le premier jour, devant Minami-za, la salle de Kyôto. Et jamais plus ensuite. Le modèle et la reprise de Mnouchkine sont restés distincts, presque à l'écart l'un de l'autre, comme s'il y avait entre eux un seuil, une frontière. La réalité du spectacle japonais, son expérience prolongée n'apporte rien, ou presque, à la compréhension des Shakespeare du *Théâtre du Soleil*. Mnouchkine l'a dit — ce dont il s'agissait c'était de traiter le kabuki en tant que forme théâtrale imaginaire — mais seul le voyage m'a confirmé ce qui à Paris pouvait paraître comme une ruse de discours. Sans doute, on localise certains emprunts et on perçoit des retournements, mais on ne le fait guère plus qu'après la lecture des livres :

entre le kabuki tel qu'on le voit et le kabuki tel que Mnouchkine l'a rêvé, il y a l'écart qui se creuse entre le documentaire et le conte, entre la réalité d'une forme et sa fiction. Cette expression japonaise violente et disparate où le jeu éblouit le regard occidental tandis que sa scénographie sous le règne du kitsch lui reste souvent étrangère — il y a entre les deux termes une distorsion que l'étranger a du mal à surmonter — acquiert au *Théâtre du Soleil* une sensualité plastique, une cohérence introuvable dans le modèle d'origine. Le kabuki de Mnouchkine participe d'un ordre différent, celui d'une esthétique autre car, chez elle, la référence au Japon engendre une idée du Beau irréel, mais néanmoins plausible. De là vient son originalité forte de la caution d'un ailleurs, à mi-chemin entre le rêve et le vrai.

Au début des années 80, ces Shakespeare ont provoqué le même éblouissement visuel que les Ballets russes de Diaghilev au début du siècle et ils entretiennent au Japon la même relation décorative que ces derniers à la Russie. D'ailleurs leur pouvoir de déflagration de Paris à San Francisco s'explique par des raisons polémiques apparentées : si Diaghilev veut restaurer un plaisir purement théâtral des tissus, des couleurs, des espaces, après le règne du naturalisme, véritable éteignoir des bonheurs plastiques de la scène, Mnouchkine convoque toutes les jouissances des matériaux du théâtre, de leur chromatisme, de leur pouvoir tactile à l'heure où l'austérité du plateau brechtien touche à sa fin. Chaque fois l'exubérance d'une scène qui retrouve avec excès les ressources du Beau conclut un cycle frappé d'épuisement, un cycle « matérialiste ».

Si dans les kabuki du *Soleil* la projection l'emporte sur la reconnaissance, dans l'adaptation faite à Paris par le grand maître Ennosuke du *Coq d'or*, la citation directe nous permet facilement de localiser les greffes opérées. Ce qui chez Mnouchkine et son scénographe, Guy-Claude François, était de l'ordre de l'imaginaire devient chez Ennosuke monnaie d'échange pour une transaction douteuse : le merveilleux russe étant désormais banalisé, on cherche son équivalent d'aujourd'hui, en l'occurrence l'exotisme oriental. Mnouchkine en rendant le kabuki méconnaissable — les quelques traces qui subsistent permettent seulement à la référence d'être localisée — restaure la Beauté au théâtre, Ennosuke en le préservant tel quel — les signes vestimentaires, les maquillages sont presque à chaque instant localisables — procède à un transplant mécanique, sans organicité, ni souplesse. Entre les deux il y a toute la différence qui sépare le traitement du kabuki comme matrice d'un projet neuf et le recours au kabuki comme à une réserve de citations. Chez Mnouchkine il s'agit plus d'une fiction que d'un emprunt, d'une utopie plus que d'un usage.

La vision de Genet

Artaud, on le sait, a eu la révélation de l'Orient dans les fastes balinais qu'il a *vus*, de même que presque tous ceux qui ont parlé de la Chine et du Japon. Craig comme Brecht, Claudel comme Meyerhold et Eisenstein ont écrit, en combinant le vrai et l'utopique, à partir du concret d'un spectacle ou d'une démonstration orientale qui venaient satisfaire leurs attentes. Seuls quelques écrivains, Yeats ou Pound, n'ont eu qu'une vision livresque du nô.

Si étonnant que cela puisse paraître, Genet qui n'a vu ni connu l'Orient, le rejoint dans sa vision du théâtre. Le cérémonial tel qu'il le formule dans ses *Lettres à Roger Blin* ou dans ses préfaces et ses notes ressemble à des expressions du théâtre traditionnel japonais et cette parenté si forte, bien qu'apparemment accidentelle, ne saurait nous laisser indifférents. Les exigences de Genet ont l'air d'être issues tout droit du code de la théâtralité nippone. En l'absence donc de tout contact concret, sans le connaître, Genet aspire, en quelque sorte, au kabuki. A son excès. A sa somptuosité. Il y a rencontre entre un désir d'écrivain et une forme qui, à priori, lui est étrangère. Le cérémonial dont parle Genet n'est pas grec, mais japonais. Et mettre en scène ses œuvres à partir de ce constat signifierait non pas imaginer un cérémonial — chose toujours vouée à l'échec — mais se servir d'un cérémonial en l'adaptant, en le rendant imaginaire de même que l'a fait Mnouchkine pour les Shakespeare.

Genet réclame que la Beauté s'épanouisse sur la scène sans souci vériste, ni préoccupation quotidienne. Le théâtre se place pour lui non pas à la frontière de la vie, mais à celle de la mort. Et pour y parvenir, seule l'hyperbole de ses moyens peut apporter la réponse. Mais, en les imaginant, Genet n'est-il pas tout près de décrire un kabuki ? Lorsqu'il rêve de costumes qui soient comme « des monuments difficiles à porter », ou tout aussi bien lorsqu'il demande que « les costumes soient excessifs mais non méconnaissables », car le kabuki, de même, a procédé à l'agrandissement théâtral du vêtement de cour. Genet retrouve non seulement l'esprit d'une forme, mais aussi ses principes.

Pour ce qui est de l'acteur, ce dont il s'agit dans la vision de Genet c'est de refuser les gestes courants afin d'imaginer un alphabet de postures conventionnelles, construites pour la scène, postures que les interprètes doivent « apprendre ». Mais, outre cette exigence dont on pourrait dire qu'elle convient à tout théâtre traditionnel, Genet en formule une autre qui, elle, renvoie plus directement au kabuki. Quand il conseille « que chaque acteur finisse avec éclat ses gestes et son rire », son propos convient tout à fait à l'acteur de kabuki qui avant de sortir s'expose une dernière fois, dans un arrêt sur image somptueux, sur le pont aux fleurs. Genet n'avance qu'un désir : mais d'où naît-il? de quel rêve commun?

Les visages, dans la perspective de Genet, ne seront pas masqués, mais peints afin d'exacerber la théâtralité sans sacrifier pour autant la dynamique d'une physionomie. Derrière le maquillage il y a toujours le muscle. L'agrandissement de l'expression ne doit pas entraîner son immobilisation. Entre les deux il y a une tension à préserver et non pas une exclusion à opérer : le visage peint et non pas le masque, le kabuki non pas le nô, voilà ce que réclame Genet. De surcroît, un accent intervient pour affirmer encore plus cette rencontre inattendue, car Genet veut, en esprit oriental, que les maquillages ne soient pas seulement violents, mais aussi « asymétriques ». Récuser la symétrie c'est récuser une culture. Une civilisation. La civilisation du centre.

Genet fuit l'obscurité, mais dans une autre perspective que Brecht. Chez lui il s'agit moins de dénoncer l'illusion que d'accroître la responsabilité à l'égard d'un rituel qui ne supporte ni la dérobade ni le camouflage. La lumière prend, pour l'acteur, le sens presque d'un contrat moral car elle « lui fera mal, dit Genet, mais d'être si fortement éclairé l'obligera peut-être ». Le règne du noir disparaît au profit de cette insupportable et difficile lumière qui ne cache rien, qui révèle tout sans sacrifier pour autant les pouvoirs du cérémonial. Il n'atteindra, pour Genet, son but qu'en pleine lumière car le noir sépare et seul l'éclairage unit. « Les feux sont nécessaires pour que la complicité s'établisse. » Là, la lumière a une autre vocation que chez Brecht. Le sens d'une technique découle du programme auquel on la rattache.

Pour ce qui est de la relation du public au spectacle Genet réclame la même liberté que celle dont l'Orient a fait sa règle. « On doit pouvoir entrer et sortir en pleine représentation sans gêner personne », écrit Genet qui, une fois encore, retrouve l'atmosphère du spectacle traditionnel. Dans le régime de la lumière et de la détente, de la responsabilité à l'égard du cérémonial, mais aussi de la décrispation au niveau de la réception, Genet désire joindre dans un même acte théâtral l'agrandissement et la beauté, afin que les deux réunis parviennent à supplanter l'expression réaliste, étriquée, inadéquate aux exigences de cette théâtralité évidente, éblouissante dont il éprouve l'attrait. Les accessoires, de même que les gestes, « nous les voudrions amples », suggère Genet, tout en réclamant, dans ce même mouvement, l'exclusion du laid car même l'abject au théâtre doit « émerveiller, toujours étonner, par son élégance ». C'est la loi de tout le théâtre traditionnel oriental. Brecht parlait des « hardes de soie » d'une vieille folle dans l'Opéra de Pékin, Genet rêve de « béquilles entourées de bandelettes de velours pourpre ». Le réel, fût-ce le plus terrible, est soumis aux conventions de la théâtralité, suprême garante de l'anéantissement du principe mimétique.

Le théâtre traditionnel japonais cultive le travestissement et le talent se mesure presque à l'aune de ses performances. Ce goût est contagieux et, parfois, les femmes, à leur tour, se sont constituées en compagnie d'où l'on a exclu l'autre sexe. Dans les danses anciennes, l'omoé ou le buyô, les vertus du masculin et du féminin s'avèrent aussi interchangeables, comme si le théâtre instaurait un corps aux frontières fluctuantes, non pas un corps imaginaire d'avant la séparation, mais un corps idéal apte à la transgresser, à la surmonter, le temps d'une représentation. Pour Genet, de même, les comédiens « doivent se savoir une apparence sans cesse parcourue par la féminité ou son contraire, mais prêts à jouer jusqu'à l'abjection ce qui, virilité ou son contraire, de toute façon est joué ». Ceux qui parviennent à cela, ce sont ceux qui acceptent de « se travailler devant la glace non comme des gigolos, mais comme des acteurs ». Le travestissement non pas comme narcissisme mais comme vérification d'une vocation théâtrale — voilà ce qu'avance Genet, habité, sans le savoir ou sans le dire, par la nostalgie des onnagata qui font la gloire du kabuki.

Genet, on l'a dit, a aussi l'intuition de l'acteur qui ne revient pas, qui, une fois sa prestation finie, n'intègre plus la scène pour mieux préserver sa séparation du réel. Le théâtre continue alors de survivre tel un mirage dont on a fait l'expérience, mais dont on se refuse à démasquer l'irréalité car, après le départ de l'acteur qui ne revient pas, « tout en étant sous le charme de ce qui s'opère après lui, on continue à le regretter bien après qu'il a disparu ». La protection de l'irréel qui s'est incarné...

Outre ces similarités de nature plutôt morphologique — on pourrait rajouter aussi le faste comme distance — il y en a une autre, plus globale, qui s'impose. Le cérémonial dont rêve Genet, tel que Monique Borie l'a analysé dans un livre consacré à la place du mythe dans le théâtre contemporain, n'a pas la valeur que les sociétés traditionnelles lui accordent. Il se présente comme « une célébration du rien », il est un cérémonial-simulacre plus près du « paraître » que de « l'être ». Ici il s'agit donc non pas d'établir un contact avec des pouvoirs au-delà de l'humain, mais plutôt de ressusciter la splendeur des anciennes images mythiques. L'envoûtement reste alors de l'ordre de l'esthétique. Et ainsi se parfait le lien de Genet avec le kabuki qui, dès son origine, n'est que la version profane du théâtre rituel. Genet ne cherche pas une force, mais une jouissance, une jouissance du théâtre poussé jusqu'à ses extrêmes limites. Sans doute en raison de cette attente Genet s'est rapproché, par une sorte de hasard objectif, du modèle d'un théâtre si lié au kabuki où le Beau est violent, sauvage, agressif.

Goethe et Mizoguchi

Dans *Les Années d'apprentissage* le jeune Wilhelm Meister se réalise à l'aide du théâtre. En herrant à travers l'Allemagne avec des troupes ambulantes... Et il achève son processus de formation lorsqu'il joue enfin *Hamlet*. Le théâtre l'a aidé, mais le propos est susceptible d'être retourné et on peut dire que c'est en assumant les risques de l'insécurité et le danger des troupes foraines qu'il a pu accomplir son rôle. Entre la vie et la scène il y a continuité et influence réciproque. Et n'est-ce pas cela que raconte Mizoguchi aussi dans *Le conte des chrysanthèmes tardifs* où l'héritier d'une grande famille de kabuki ne parvient à honorer par son art la gloire de son nom qu'après s'être perdu dans des théâtres médiocres, après avoir affronté la honte et le désarroi. Entre ces deux œuvres qui parlent, chacune, de la formation par le théâtre pour le théâtre, il y a à l'origine un départ, une séparation. On quitte une famille pour s'immiscer dans une autre, paillarde, carnavalesque, la famille des comédiens. C'est dans son sein que la formation de l'être se parfait par la réaction que la misère morale de ces collectivités itinérantes produit chez le jeune acteur en quête de soi. Vivre le théâtre ambulant comme expérience de vie engendre un sursaut éthique.

Ces derniers temps, Brook, le plus souvent, a affirmé et cherché le lien entre la qualité de l'être et la qualité de l'art, entre la vie et la scène. Il rejoint ainsi Goethe aussi bien que Mizoguchi : l'être de l'acteur nourrit son talent.

On peut supposer aussi que l'exercice du théâtre améliore l'être : l'influence n'est pas à sens unique, mais à double sens. La conviction que ce que l'acteur montre n'est pas seulement l'étendue de son art, mais aussi son portrait secret (on peut lire ici le refus d'assimiler le théâtre à un art de la dissimulation) conduit vers le désir d'intégration du biographique dans le jeu. La vie forme pour le théâtre et le théâtre forme pour la vie. Toujours sur fond de probité morale. Le fondateur du nô, Zeami, apprenait aux acteurs l'idée « qu'agir avec droiture et franchise constitue la cause de l'épanouissement en ce monde de la fleur merveilleuse aux dix mille vertus ». De Goethe à Mizoguchi et de Zeami à Brook une vision proche s'affirme, celle de l'acteur comme être en formation. Elle s'oppose à l'autre, celle de l'acteur comme être disponible, en état de vacuité. Tout discours sur l'acteur finit par renvoyer aussi à l'homme qu'il est ou qu'il devrait (ou pourrait) être. Il reste inséparable d'un modèle et d'une conduite.

Les amours de l'onnagata

Mishima a écrit une belle nouvelle dont le titre n'indique ni un nom, ni un fait, ni une idée, mais seulement un personnage : « L'onnagata ». Comme si quelqu'un en Europe écrivait « l'Arlequin ». Le rôle constitué dans le temps intègre le moi au modèle ancien et finit par se constituer en être autonome, être de théâtre. Être où la fiction et la biographie s'épousent.

L'onnagata, dit le traité secret d'Ayame, doit vivre en femme dans la vie. Il doit manger et agir selon les codes, ne jamais abandonner la courtoisie de l'épouse ni la séduction de l'amante. Ne jamais oublier la fiction de son sexe. On retrouve là cette panique extrême devant le réel qui semble guetter l'onnagata. Pour s'en défendre il doit faire de l'autre sexe son cloître. Cloître qui érige en destin son identité féminine, identité d'art. Mishima, dans sa nouvelle, saisit la splendeur et la misère d'un onnagata, car à force d'être femme il parvient à atteindre « l'éternel féminin », féminin absolu, mais au prix de la théâtralisation de sa vie. « Cet amour d'onnagata se modulait sous une forme que le théâtre seul avait fournie » et il ne se rendait pas compte « qu'il se conduisait comme un personnage de théâtre ». Tels sont, dans la nouvelle, les commentaires cyniques d'un jeune universitaire amoureux de l'onnagata de génie. Lui craint encore le théâtre dans la vie, il le déteste même, car une conviction l'habite, conviction de savant qui lui fait croire que la vérité est d'un seul côté : celui du réel. Il y a du mépris dans ses mots et on peut se demander si, ainsi, il ne rend pas manifeste sa place subalterne dans un monde du kabuki enivré jusqu'à la perte de soi par le théâtre. Peut-être qu'aimer le théâtre dans la vie, c'est l'ultime terme de la confiance faite au théâtre; l'universitaire n'y est pas encore parvenu.

Mishima parle d'un double échec, celui du professeur d'abord mais aussi celui, tout aussi tragique, de l'onnagata qui, lors des répétitions pour un spectacle moderne, tombe amoureux du metteur en scène au point même de lui demander un rendez-vous, par l'intermédiaire du jeune professeur, supplice extrême pour ce dernier qui se charge aussi, insidieusement, de suggérer au metteur en scène d'attaquer l'onnagata dont il est lui-même amoureux, mais qui en aime un autre. Un autre qui appartient à un monde différent, celui du Nouveau théâtre que le metteur en scène incarne — metteur en scène jeune, volontariste et autoritaire[1] — de même que l'onnagata incarne l'image de l'ancien théâtre. Et lorsque tous deux partent ensemble à la fin du spectacle on pourrait voir là le symbole de la

1. L'onnagata « avait espéré un metteur en scène plus âgé, plus mûr — il voulait dire par là plus souple ». La vieillesse en Orient ne raidit pas.

tradition et de la modernité reconciliées, mais on sait que, au fond, le conflit les attend. Préparé par l'exclu, celui qui incarne un monde encore différent, le monde du savoir. On retrouve ici trois univers distincts, celui de l'université, du kabuki et du théâtre nouveau. L'amour pense pouvoir abattre les obstacles qui les séparent, mais il se brise chaque fois. « L'onnagata » — la nouvelle — parle de son échec face aux frontières infranchissables. Là où je croyais voir d'abord une mise en abîme de l'homosexualité j'ai vu, au retour du Japon, l'allégorie d'une défaite du désir confronté au cloisonnement d'un monde. Celui du kabuki.

Mishima, qui décrivait l'art de l'onnagata comme celui des « brusques éclats de feu dans la neige » — l'éphémère du corps investit la durée splendide des signes —, finit sa nouvelle en faisant tomber quelques flocons sur le corps en flammes de l'onnagata. La vie rejoint le théâtre, mais la neige du dehors, on le sait, va vaincre le feu du dedans.

Brook, Vitez et « les oiseaux » du Japon

Comment représenter l'oiseau? Question à laquelle Brook et Vitez ont cherché chacun réponse ces derniers temps. L'un pour *La Conférence des oiseaux* d'Attar, l'autre pour *Le Héron* d'Axionov. Brook a adopté d'emblée le principe de la coexistence de l'homme *et* de l'oiseau : les acteurs qui manipulent la marionnette de l'oiseau qu'ils jouent, nous laissent voir simultanément la silhouette miniaturisée de l'oiseau et celle, réelle, du comédien. Dans le nô on retrouve parfois la même solution. Le jeune acteur, habillé en blanc et au visage nu, qui joue le héron dans le nô de Zeami, porte sur la tête le modèle réduit de l'oiseau. Si les pas de danse, les mouvements, la fluidité des courses ont quelque chose de particulier c'est le petit héron qui précise ce que l'acteur ne peut que suggérer : l'espèce de l'oiseau. Ici il y a fixité du rapport entre le héron et l'oiseau, tandis que Brook les faisait jouer alternativement pour conduire vers la disparition progressive de la marionnette au profit du corps de l'acteur. Néanmoins le point de départ reste similaire.

Vitez pour monter *Le Héron* d'Axionov a collé au buste de l'actrice des ailes géantes, métonymie de l'oiseau et de son vol. Ce n'est plus l'homme *et* l'oiseau, mais c'est *l'homme-oiseau.* Lors d'un programme de gagaku j'aperçois la même solution pour la danse des oiseaux : les danseurs parés d'ailes se meuvent sur les sonorités d'une musique ancienne. Ce sont, eux aussi, des *hommes-oiseaux* mais si chez Vitez l'actrice jouait le visage nu, eux ils le dissimulent derrière un tulle blanc. Au-delà des différences, les « oiseaux » du Japon nous rappellent les « oiseaux » de nos théâtres. Ils se « repensent » entre eux.

Yoshi et Toshi

Cette homophonie, forcément comique, homophonie qui évoque certains couples célèbres du muet tels Laurel et Hardy n'a rien d'une facétie. Elle vient de l'équipe de Peter Brook et elle désigne ses deux membres japonais. Le premier, Yoshi, acteur, est là depuis les débuts, depuis les exercices de *La Tempête* en 1968 à Round House, l'autre, musicien, Toshi, fut coopté plus tardivement. Yoshi se trouve sur le plateau, Toshi sur les marges. Leur coprésence s'imposa surtout lors du *Mahabharata*. Yoshi et Toshi, ni l'un ni l'autre n'appartient entièrement au théâtre. Et ce doute constant quant à leur maintien dans l'enceinte des Bouffes-du-Nord les rend encore plus étranges. Ils sont toujours d'ici et d'ailleurs, ils sont « flottants », pour reprendre justement l'épithète employée par Yoshi Oida dans son livre autobiographique. Flottant rime avec mutant! Oui, Yoshi et Toshi sont les mutants de Brook.

Avec Yoshi sur le plateau et Toshi au coin, Brook reconstitue en filigrane l'épure du nô, son ombre lointaine que l'on reconnaît parfois lorsque les yeux s'embrument et les souvenirs remontent.

Les retournements de Madame de Sade

Mishima, à ses débuts, éprouva le goût de l'Occident, de ses extrêmes les plus intenses, et, en passionné de *Daphnis et Chloé* il adapta la célèbre idylle dans *Le Tumulte des vagues*, de même qu'à partir de la mythologie de Sade il écrivit une pièce, souvent jouée, une pièce où sept femmes attendent justement l'arrivée du Marquis. Rien d'une attente inquiète ou trouble puisque les héroïnes tricotent une véritable atmosphère marivaudienne car Mishima semble faire sienne la célèbre phrase de Patrice Chéreau : « Marivaux ouvre la porte et Sade entre » Dans ce salon tout en dentelles, la menace vient du Grand Extérieur et le dedans feminin, boudoir abrité, apparaît telle une citadelle assiégée par le héros qui enfin, à la dernière réplique, annonce son arrivée.

Cette contrefaçon explicite d'une pièce du XVIIIe, comment l'approcher ? En la montant peut-on ignorer l'origine japonaise de l'auteur et la contemporanéité de l'œuvre ? Sans doute, mais alors *Madame de Sade* ne serait qu'une œuvre secondaire pareille aux pastiches japonais des toiles du début de

Van Gogh. Sorties du musée d'Amsterdam et présentées hors du contexte, leur énergie conflictuelle se désamorce, et elles se rangent modestement parmi des œuvres subalternes dans la lignée d'Hokusai. Non identifiée, *Madame de Sade* risquerait aussi d'être assimilée à un sous-Marivaux, car ni le dialogue n'en a le raffinement ni l'intrigue la cruauté. Cette hypothèse n'a de valeur que théorique puisque, de même que pour une contrefaçon, l'analyse plus attentive finirait par dénoncer l'origine douteuse de ces œuvres, les localiser et, qui sait, envisager même des signatures plausibles. Ici l'authentification du produit intéresse puisqu'elle renvoie à une contextualité qui appelle à être mise en scène.

C'est ce qu'a compris Sophie Loucachevsky dans un admirable spectacle, et aujourd'hui encore la solution adoptée garde une valeur exemplaire. Elle a décidé d'opérer un retournement et de renvoyer le pastiche à l'envoyeur. Ainsi à ce « faux » du XVIIIe la mise en scène a répondu par un « faux » kabuki où sept comédiens français jouent les sept dames de Mishima. Sur une scène occidentale faisait ainsi irruption la figure démultipliée de l'onnagata.

Le luxe de la scénographie de Yannis Kokkos évoquait simultanément et le laboratoire sadien des passions et la splendeur des soies du kabuki, tandis que les interprètes ne cherchaient ni à dissimuler leur condition masculine ni à l'afficher agressivement ; le but consistait à refuser également l'illusion d'un vrai kabuki et la provocation d'un spectacle de travestis. Ni l'anéantissement dans une forme d'emprunt, ni la violence d'une homosexualité exacerbée. En les rendant également présentes, mais jamais envahissantes, le spectacle dressait à travers ses postures exquises et ses toilettes somptueuses, ses miroirs et ses images le portrait de Mishima, séduit par le Marquis et à jamais possédé par le Japon, amoureux des hommes et nostalgique de la féminité dont l'onnagata incarnera pour toujours l'essence.

Un « barbare » au nô

Lorsqu'on se laisse porter par la splendeur des danses de nô aux pas bien comptés et aux déplacements strictement prévus, le shite semble suivre depuis les origines les mêmes trajectoires et les musiciens lancer les mêmes cris. C'est le ciel kantien du nô que l'on scrute de la salle mi-obscure où des gens âgés somnolent, consultent leur livret et parfois lèvent les yeux pour regarder la scène derrière de grosses lunettes. Bercée par cette beauté immobile, la salle oublieuse de la durée et loin de l'histoire semble vivre un instant d'éternité.

Grande est la surprise devant une pareille assistance qui apparemment n'influence en rien le spectacle pour un lecteur de Zeami comme moi car le maître fondateur ne se lasse pas de rappeler l'obligation de « concordance », d'adaptation du nô aux caractères du public d'un soir. Les précisions du maître fondateur troublent par leur minutie autant que par leur justesse confirmée plusieurs siècles durant. Certains de ces principes se retrouvent parfois de manière moins normative dans la tradition artisanale de l'Occident, tradition que les historiens assimilent à ce qu'on aime appeler la culture théâtrale de la scène européenne. D'autres, plus modestement, parlent des lois du métier... Les traités de Zeami font état d'un nô qui ne dédaigne pas la relation aux spectateurs jamais réduits à une présence inerte : l'art qui semble être aujourd'hui le plus arraché à tout déterminisme extérieur fut à l'origine un art contextuel. L'acteur devait savoir adapter son jeu aux exigences de la nuit, saisir la nature du public, être à même d'éveiller son attention ou de l'apaiser et cela grâce au maniement habile de la complémentarité du yin et du yang. Sans cela la réussite véritable du nô est compromise.

Les phrases de Zeami témoignent d'une attention extrême à l'égard de l'assistance, attention qui paraît perdue. Elle subsiste au kabuki où les interprètes n'ignorent jamais la salle qu'ils cherchent à maintenir en état de fièvre en déployant leur art et en étonnant par leurs performances sur le plateau. Le kabuki écoute la salle. Il s'assume comme un art contextuel. Et ainsi les conseils de Zeami semblent agir aujourd'hui plus auprès d'un Tamasaburo que d'un Kanze. Est-ce vrai ? Ne serait-ce pas l'illusion du spectateur grossier que je suis, spectateur plus sensible aux exploits du kabuki qu'aux vibrations subtiles du nô ? Le nô a-t-il abandonné ses principes ou est-ce moi, peu averti, qui ne perçoit pas « la concordance » souterraine entre les planètes évoluant sur l'étendue lisse du sol et les vieillards recevant leurs célestes signaux ? En paraphrasant le titre du livre d'Henri Michaux je me demande si je n'étais pas « un barbare au nô » ?

Cris et applaudissements dans l'empire du nom

A la fin d'un long programme, de nô ou de kabuki, quelques applaudissements épars accompagnent la disparition des acteurs tandis que le public se dirige déjà vers la sortie avec une précipitation dans laquelle, en Occidental, on ne peut s'empêcher de voir une impolitesse, une grossièreté même. Si les Persans de Montesquieu étaient étonnés de voir des gens frapper dans leurs mains en signe de contentement, pareils à des enfants réjouis, au Japon, par contre, c'est cet empressement final qui surprend l'Européen, cette absence de séparation entre le théâtre et la vie : qu'est-ce que les applaudissements, sinon tout à la fois un point d'orgue et une frontière qui isole le spectacle ? Ici il y en a peu, et ils tiennent plutôt d'une coutume étrangère qu'on accepte mais dont on se débarrasse au plus vite. A côté des portes, les ouvreuses remercient les spectateurs d'avoir assisté à la représentation, mais personne ne leur répond sauf quelques Occidentaux ébahis par cette hâte collective. En peu de minutes la salle se vide, les portes se ferment et les bouches de métro semblent ne plus pouvoir contenir la foule qui se déverse pareille à un torrent de printemps. Ainsi s'achève une journée de théâtre traditionnel au Japon.

Dans le nô, même après une danse spectaculaire ou un récitatif superbe, aucune preuve de satisfaction ne vient interrompre le spectacle. Le silence règne. Au nô dans les temps anciens on n'applaudissait pas. Mais on ne doit pas oublier qu'en Occident aussi la qualité du silence dit le véritable impact de la scène sur la salle. (Francis Poulenc préférait la paix muette qui rend hommage à la musique dans une cathédrale à l'excitation des salles de concerts. Brook dans *L'Espace vide* distingue la spontanéité des applaudissements des pouvoirs du silence, aveu plus réfléchi de la résonance d'un spectacle, et de sa portée.) Un jour, à la fin d'un nô où le shite était le plus jeune des frères Kanze, j'ai vu des mains prêtes à applaudir et qui, au dernier moment, se sont toutes retenues. A son art, seul le silence pouvait rendre hommage. D'habitude on applaudit le shite uniquement lorsqu'il se dirige vers le seuil de la disparition. Puis les applaudissements vont, de manière plus disparate vers le waki, les tsure, les personnages secondaires, et enfin vers les musiciens dans leur ensemble (on n'applaudit pas un instrumentiste, mais le groupe entier, en refusant ainsi de distinguer l'art des uns et des autres). Des applaudissements sans fébrilité, ni passion. Comme si le public manifestait ainsi pour témoigner d'un plaisir esthétique éprouvé autant que pour s'arracher lui-même à un état de rêve dont les applaudissements marqueraient la fin. Le nô est un voyage et les applaudissements en disent l'achèvement.

Est-ce que ces applaudissements à peine osés n'ont pas influencé le théâtre occidental des années 60-70, un théâtre qui, se réclamant du rituel, entendait, lui aussi, limiter, refuser même les applaudissements ? Il n'y a pas lieu d'applaudir là où le théâtre se veut plus qu'un art : voilà ce qu'on cherche alors ! Et le nô fournit un pareil modèle. Mais peut-on l'importer sans procéder pour autant à une négation artificielle des habitudes occidentales ? Parfois quand le spectacle parvenait à une égale intensité, et cela n'a été vrai que pour quelques spectacles, ceux de Grotowski en particulier, la censure des applaudissements perdait son caractère étranger, déplacé. On l'acceptait comme si elle était issue de la nature même de l'œuvre. Néanmoins, même chez Grotowski, il fallait concevoir de véritables stratégies pour empêcher ou limiter les applaudissements. La plus courante, inspirée elle aussi de l'Orient, était le refus des acteurs de revenir… les applaudissements s'éteignaient alors d'eux-mêmes. Depuis, le théâtre occidental a retrouvé le goût des applaudissements et avec eux tout ce qui le rattache à sa tradition : le cadre, le rideau, le rouge et or. Les applaudissements participent à cette mémoire dont on éprouve l'attrait et qu'on essaie aujourd'hui de ressusciter. Sans complexes, ni mauvaise conscience.

On n'interrompt pas le nô, mais on interrompt le kabuki. On applaudit l'arrivée d'une star (mais l'habitude est récente) qu'annonce le claquement du rideau qui borde le hanamichi dont, on l'a déjà dit, le meilleur point d'exposition de l'acteur se trouve à 3/10ᵉ du plateau. Là il s'arrête dans un mie, sorte d'arrêt sur image du corps décentré, pour accueillir l'enthousiasme de la salle. On applaudit aussi après une danse éblouissante ou lors de la sortie de l'interprète principal par le même pont aux fleurs. On applaudit souvent, certes, mais les applaudissements n'engagent jamais l'intégralité de la salle : ils sont disparates, clairsemés. Il n'y a pas de consensus qui se dégage, et ce qu'on observe c'est plutôt l'agitation d'une salle qui réagit sans cesse au spectacle. Le public est fébrile, excité, mais jamais unanime.

Du balcon on salue un acteur par des cris. Les fameux yago. Cris courts, violents, explosifs rappelant ceux, arrachés aux entrailles, qu'on pratique dans les arts martiaux. Ils récompensent la qualité d'une pose ou l'élégance d'une danse, mais, en même temps, ils donnent de l'énergie à l'acteur qui les apprécie encore plus que les applaudissements. Ces cris, on les entend sans arrêt fuser des étages supérieurs : ils sont le fait des experts du poulailler. Un professeur japonais avoue qu'il rêve à la retraite de passer ses dernières années là-haut pour crier des yago à côté des spécialistes du kabuki, car le yago demande adresse et force, intelligence et savoir. Le crieur doit saisir et suivre *le timing* de l'acteur, sans quoi il rate son intervention qui alors risque de perturber le jeu au lieu de l'aider. Crier est un art. Un art qui se perd, car, dit-on, on ne sait plus lancer un yago comme jadis. Cette déperdition d'une coutume explique pourquoi certains acteurs de kabuki payent aujourd'hui des professionnels de yago. Au Japon, ce sont eux et non pas les applaudissements qui attestent pour de vrai un succès.

Que crie-t-on ? Le plus souvent le nom de la famille de kabuki à laquelle l'acteur appartient — nom familier aux experts — ou, parfois, chose bizarre, son adresse personnelle, son quartier, son lieu de naissance. Tout cela témoigne de l'ampleur des renseignements dont disposent les crieurs. Plus banalement on peut crier aussi Bravo ! Tu es le meilleur ! (On raconte qu'après la guerre, durant l'occupation américaine, il y a eu un enchaînement célèbre de yago : T'es le meilleur ! T'es le meilleur du monde ! T'es McArthur ! Une autre fois, dans le silence, un cri retentit : T'es digne de ton grand'père ! Comble de l'éloge) Mais ce qui compte ce n'est pas tant ce qu'on crie, mais la manière de le faire, la brièveté de ces explosions sonores qui jaillissent du balcon, leur puissance directe, immédiate. On applaudit en groupe, mais on crie toujours seul. Et le cri est comme un photogramme de soi. De la relation corporelle qu'on entretient au spectacle. De son énergie. Ce cri-là est le lot du spectateur japonais. « Je ne saurai jamais bien crier », me dit un ami français qui voit du kabuki à Tôkyô depuis dix ans. « Et même si je savais je ne le ferais pas car cela ne se fait pas pour un Européen. » Crier apparaîtrait de la part d'un Occidental comme la volonté suspecte d'affirmer une intégration que les Japonais considèrent comme impensable. Réservé aux Japonais, l'usage des yago est moralement interdit à l'étranger, l'homme venu du dehors : ce sont des cris dans l'empire du nom, l'empire du Japon.

Le Théâtre du Présent, dans les années 30, lança ce qu'on a appelé « le kabuki rouge » où l'autorité inébranlable des familles n'avait plus lieu d'être, mais par là les acteurs perdaient le privilège du nom et des yago qui les portent durant le spectacle comme des sportifs qui jouent devant leur public. Lorsque le règne de la famille est aboli l'empire du nom décline, mais non sans emporter avec lui son aura dont les yago sont le témoignage. Les cris et les noms se tiennent dans une étreinte sans faille.

Lors des spectacles traditionnels on n'assiste jamais à des manifestations communautaires fortes. Au kabuki on crie, on applaudit, on siffle : le contentement préserve une variété de manifestations mais sans jamais se constituer en expression collective. Le théâtre traditionnel japonais est un théâtre sans ovations. Sans cet effet unificateur des applaudissements qui érige le public en être collectif, immense, multiple et terrible dans lequel le spectateur se perd. On n'entendra jamais dans une salle de kabuki ou de bunraku le mugissement de la lame de fond qui se lève à Orange ou Vérone.

Au Japon, à la fin d'une représentation on applaudit souvent des noms d'acteurs criés par un annonceur, on applaudit l'abstraction d'un nom plutôt que la réalité d'un être. Au fond ce qu'on salue c'est l'art de l'acteur qui a honoré son nom car si l'acteur lui-même passe, le nom doit rester. Dans ces instants où, à la clôture d'un spectacle, on clame à haute voix des noms, c'est tout le fétichisme onomastique du Japon qui s'exprime. Sur la scène du bunraku un koken vient crier les uns après les autres les noms des manipulateurs et des musiciens. Il les récite comme s'il récitait un poème dont on entend l'écho prolongé jusque dans les coulisses où le récitant s'en va sur le son d'un dernier nom étiré à l'infini. La traînée du nom... A l'écoute de son nom chaque manipulateur, présent sur scène, s'incline et le public applaudit alors tout à la fois une performance et une appartenance ou plutôt la manière dont la performance a honoré l'appartenance, dont l'art a servi le nom. A Issehala, où j'ai vu un nô en plein air, lorsque le spectacle s'est achevé on clame les noms sans que les acteurs paraissent. On applaudit seulement la fiction du nom. « Plus que les applaudissements ce qui est important pour un acteur c'est sa renommée », me dit le maître de danse Fujima. Plus que l'instant, la réverbération dans la durée. La persistance dont le nom s'enrichit à travers le temps. Il n'y a rien de plus important pour un acteur que la prise de nom, shumei, cérémonie qui inscrit son art passager dans l'étendue de l'histoire. Par le nom il triomphe de l'éphémère au théâtre. Le printemps 1985 a connu, trois mois durant, le faste des festivités de la prise du plus prestigieux nom du kabuki, Danjuro. Le spectateur subit la pression du nom, son attrait, son magnétisme même. Il ne vient pas seulement admirer un acteur, mais aussi rendre hommage à son nom. De cette fascination résulte peut-être le goût des Japonais pour les grandes marques, car qu'est-ce qu'une marque sinon un nom ? Il apporte la garantie qui manque à tous ceux dont le nom n'est pas frappé par la gloire d'une famille, d'un passé. Le nom sert de repère pour celui qui reçoit — le spectateur — et d'abri pour celui qui propose — l'acteur — et ainsi, au fond, la gloire du nom court-circuite le prix des applaudissements.

Dans les salles immenses de sumo on crie aussi le nom des géants de deux cents kilos qui s'affrontent. Le récitant accompagne ses annonces des mouvements veloutés d'éventail et, de nouveau, la sensation est plutôt celle du poème qu'on récite que du nom qu'on annonce. Dans les petites salles de rakugo, art ancien du conteur, un jeune homme vient présenter pour chaque nouveau numéro la plaque portant le nom de l'artiste qui, seul, sur le plateau, raconte des histoires modernes ou anciennes. A l'entrée de la salle aucune image n'attire l'œil et on ne peut lire que les tablettes indiquant le nom de ceux qui vont se produire. Ailleurs, selon la tradition, on écrit le nom des acteurs sur des drapeaux et Massao Yamaguchi y voit le résidu d'une vieille pratique sacrificielle. Dans les salles cachées de l'underground japonais, à la fin par exemple d'un programme de Tanaka Min, on annonce aussi les noms du musicien, de l'éclairagiste et enfin du maître danseur. Seul Terayama, semble-t-il, a osé rejeter ce culte du nom. Ou, plutôt du nom qu'on applaudit, syllabe qui résiste au temps pendant que le corps se meurt et que les applaudissements s'éteignent. Le nom n'est que leur écho fixé, cristallisé tel un papillon dans l'ambre.

Souvent les Japonais, même après un spectacle moderne, applaudissent peu, comme si le passage du théâtre à la vie ne devait pas se prolonger excessivement. (D'ailleurs dans la vie courante les amis se quittent rapidement, sans transition. Les Japonais réduisent au maximum l'état intermédiaire de la séparation sur le seuil, état que les gens des pays méditerranéens adorent prolonger.) A la sortie d'une *Cerisaie* au Théâtre Impérial j'entends des commentaires enthousiastes — Quel spectacle magnifique! — mais les applaudissements ne suivent pas. Ils restent anémiques. Après le spectacle d'une star de music-hall un seul bis suffit pour que la foule se retire précipitamment. Parfois, à la fin, on aime proposer au public des images fixes qui semblent être l'adaptation par le shingeki, le théâtre à l'occidentale, des fameux mie, arrêts sur image, effectués sur le hanamichi. On applaudit ainsi l'ensemble de la troupe dans un regroupement immobile qui ne distingue pas les acteurs de leurs rôles. Ils ne s'en séparent pas. Ils se présentent dans leurs personnages et le public applaudit ces condensés de la représentation, de même qu'il applaudit à la fin d'un mouvement de kabuki : les applaudissements n'interviennent que si, dans la syntaxe de la représentation, on marque un point. Peu importe qu'il se place dans le courant du spectacle comme au kabuki ou seulement à sa fin comme au shingeki. Les Japonais manient avec brio l'art de l'arrêt, du stop-cadre, du plan fixe et on appelle fréquemment les applaudissements par la stabilisation sur une image, image ancienne que la salle reconnaît. Dans le spectacle de Tomio Umezawa, dit le Tamasaburo des banlieues, le public, conquis, se manifeste dès qu'il repère la moindre pose traditionnelle. On applaudit l'acteur-idole qui reprend le moule des gestes dont la beauté confirmée dure depuis des siècles. On applaudit le passé tout autant que le présent. On applaudit l'acteur qui joue autant que l'héritage qu'il ressuscite. Au rakugo, bien qu'on s'amuse abondamment, on applaudit seulement à l'entrée et à la sortie du conteur et ainsi on isole clairement un numéro. Il est bordé des deux côtés par les applaudissements qui viennent affirmer l'autonomie de chaque artiste. Ils préservent la distinction des conteurs dans le flot du spectacle qui en contient parfois jusqu'à vingt. Les applaudissements isolent, séparent, distinguent.

L'économie des applaudissements pourrait nous faire assimiler le spectateur japonais à un spectateur réservé. Opinion qu'il faut rejeter dès qu'on assiste à une soirée d'opéra où l'enthousiasme revêt une intensité égale aux triomphes européens. Ici on applaudit à tout rompre et les rappels n'en finissent plus. (Néanmoins on retrouve le goût japonais pour le stop-cadre, car même à l'opéra pour le premier lever de rideau on peut voir l'ensemble de la distribution réuni dans un tableau immobile.) L'accueil de la représentation imite l'exaltation des salles occidentales : on a importé un art — l'opéra — et en même temps ses expressions du succès.

Au Japon on applaudit différemment non point selon le degré de plaisir, mais selon la nature du spectacle. Chacun impose ses règles pour les applaudissements autant que pour toute autre expression de contentement. A la séparation des langages et des traditions correspond la spécificité des modalités d'accueil. Les applaudissements, si faibles soient-ils, servent tout de même de dénominateur commun minimal. Ils attestent chaque fois l'existence du spectaculaire.

Du cadeau aux fleurs

Aucune réglementation, en dehors de la coutume, n'interdit aux femmes de lancer des yago et pourtant, bien qu'elles soient des spécialistes averties du théâtre traditionnel, je ne les ai pas entendues crier. Mais je les ai vues offrir des cadeaux. Le cadeau est le pendant du cri.

Dans les grandes salles de kabuki on ne présente plus de cadeaux — là, le geste paraîtrait inconvenant — tandis que dans les petites salles on ose encore car il y a eu marginalisation progressive du cadeau. Sa pratique s'affaiblit dès que la familiarité est moindre entre un théâtre et son public. Alors, on le remarque au Japon, il y a glissement du cadeau proprement dit vers les fleurs. Cette translation s'est effectuée au niveau même de ce qu'on pourrait appeler la philogénèse du hanamichi. Dans les débuts du kabuki on déposait des cadeaux sur cette passerelle qui relie la scène du hors-scène et qui alors s'appelait *le pont aux cadeaux*. Plus tard il y eut mutation vers le haut, car les fleurs sont la version noble de l'ancien cadeau et, le pont devint *le pont aux fleurs*. On repousse désormais la catégorie de l'utile pour se placer uniquement du côté du symbolique.

A Asakusa, quartier populaire, où s'installe à l'origine le kabuki, se trouvent encore des salles qui ont la vitalité du théâtre brut tel que Brook le décrit. Des vieillards et des laissés-pour-compte, des jeunes hommes soignés et des femmes délabrées s'entassent là, dans la fumée des cigarettes et dans le bourdonnement des ventilateurs. (Une absence d'interdiction — celle de fumer — et une absence de commodité — la climatisation — disent à elles seules à quel point un pareil lieu échappe aux normes des espaces qualifiés.) Les bouteilles circulent d'une rangée à une autre, de même que les appels entre amis. On transporte les éléments de décor, portes, murs, en passant par la salle dans l'hilarité générale. Pas la moindre trace de crispation. Sur la scène on remarque d'immenses haut-parleurs à côté d'un décor de kabuki miniaturisé et cette disparité révèle à elle seule le contenu du spectacle qui mélange des bribes de tradition avec des chansons modernes, le théâtre et la télévision, l'ancien et l'actuel. Seul un spectacle populaire peut assumer avec autant de franchise l'hétérogénéité du Japon d'aujourd'hui, sa double fascination. Et cela, pour citer Brook, en raison de l'indifférence complète aux critères de style et de tout ce qu'ils supposent comme cohérence. Dans ces spectacles on fait coexister des termes antinomiques ailleurs : certes, ils font exploser l'unité, mais ils préservent la vitalité sans contraintes d'un acte théâtral immédiat, direct, libre. Là où une danse de kabuki voisine avec un « tube », ce n'est pas tant la perfection de leur accomplissement qui compte, mais la force de leur conjugaison.

Là, à Mokubakan, dans le quartier d'Asakusa, pendant une mélodie qui plongeait la salle entière dans la tristesse j'ai vu une femme d'âge mûr se lever, s'approcher de la scène et donner deux boîtes à la jeune fille qui susurrait au micro. Celle-ci s'est penchée pour la remercier et alors la femme l'a touchée à peine, en effleurant son bras comme si elle caressait soit sa propre image — elle-même telle qu'elle s'est rêvée — soit l'image — qui sait? — de sa fille. Le cadeau permettait cette intimité, d'une seconde, de la spectatrice et de la chanteuse. Après ce bref contact, celle-ci regagnait sa place et reprenait la mélodie, les cadeaux dans les bras. Loin de les abandonner, elle continuait à les étreindre comme des offrandes qu'elle avait reçues et acceptées. Et la salle, tout entière, devait le savoir.

La fièvre des cadeaux atteint son paroxysme dans les spectacles de Tomio Umezawa, l'ancienne star des faubourgs. Grâce à la télévision, Umezawa est aujourd'hui l'idole des jeunes filles et aussi des femmes sur le déclin... Elles se pressent toutes pour le voir, où qu'il joue. Selon les coutumes d'Asakusa, Umezawa combine avec brio les performances d'un onnagata et d'un rocker, en assurant avec une particulière aisance le passage d'un sexe à l'autre de même que d'un genre à l'autre.

Des applaudissements effrénés interviennent à chaque effet de reconnaissance. Il suffit qu'Umezawa en jeune fille déprimée morde son mouchoir — figure célèbre du kabuki — pour que la salle, en extase, salue le signe familier. Exactement comme lorsque Bécaud reprend *L'important c'est la rose...* le vieux kabuki engendre encore les réactions des succès récents.

Outre les applaudissements, les cadeaux fusent. On offre des boîtes, des bouteilles. Mais aussi de l'argent. Non pas de vulgaires liasses, des couronnes de billets pareilles aux couronnes de fleurs à Tahiti. On observe là l'amorce d'une étonnante confusion : la catégorie de l'utile se maintient encore, mais elle revêt déjà les aspects du symbolique. L'argent-fleur.

Umezawa, lui aussi, joue avec l'argent. Il improvise une véritable saynète comique. (Est-ce de l'improvisation ou la coutume des cadeaux en argent exige-t-elle qu'un petit scénario soit prêt à l'avance? La deuxième hypothèse me semble plus plausible.) Un membre du groupe dissimule sous un coin de table l'argent qu'un autre va dérober, mais, finalement, Umezawa arrive pour rétablir la justice d'autant plus qu'au vu de la salle il partage la somme reçue avec ses musiciens. Les billets sont donc traités comme des accessoires théâtraux car ici aussi on joue avec le cadeau. C'est une manière d'accepter tout en remerciant... L'interprète, lorsqu'il improvise avec le cadeau, le transfère dans le champ de l'art et, avec lui, celui qui l'a offert. Celui-ci est alors valorisé et, parfois, dans des villages, des gens se ruinent presque dans une exaltation qui leur fait lancer sur le plateau des sommes supérieures à leur salaire mensuel. Au plaisir d'offrir les acteurs répondent par leur art et, grâce au cadeau incorporé dans le jeu, le donneur, pour sa communauté, devient à son tour acteur. Vu. Admiré. L'artiste populaire respecte la loi de l'échange symbolique que suppose tout dialogue à base de cadeaux. En effet c'est au *potlach*, tel que Mauss le décrit, qu'on assiste.

Ailleurs cette immédiateté de l'échange a disparu. L'échange persiste, mais il s'opère entre l'abstraction de deux noms car si l'offre reste visible, elle s'exerce en dehors du spectacle. A Seibu, le théâtre de la chaîne des magasins qui monte, le hall d'entrée regorge de bouquets. Sur chacun on peut lire les deux noms, de celui qui offre et de celui à qui on offre. Des noms. Toujours des noms. Ici, où les spectacles durent peu — quelques jours seulement — les fleurs n'ont pas le temps de se faner. Elles vivent autant que le spectacle et ainsi le donneur accompagne par son bouquet celui qu'il veut honorer. Et leurs deux noms s'unissent grâce aux fleurs. Mais cette alliance prolongée a perdu l'intensité de l'échange bref qui se fait, à Asakusa, au bord de la scène. Elle est médiatisée. L'acteur, réduit à son nom, n'est plus que récipiendaire et, sans contact avec celui qui offre, il ne peut plus répondre. On passe du *potlach* au *culte* et les entrées de nombreux théâtres n'ont plus la sensualité des salles d'Asakusa. Elles rappellent plutôt l'appartement de Madame dans *Les Bonnes* de Genet où la profusion des glaïeuls dit surtout la mort. La vitalité du cadeau se mue en célébration funéraire.

Entre ces deux variantes se dessine une troisième,

intermédiaire. Elle peut nous paraître familière, à première vue, mais il n'en est rien : ici, à la fin du spectacle, ce sont les spectateurs eux-mêmes qui viennent apporter des fleurs aux interprètes et non pas le personnel du théâtre comme cela se fait habituellement en Occident. Je ne peux oublier la tristesse des filles, les bras chargés de fleurs au bord de la fosse, que Seiji Ozawa et les chanteurs comblés par le triomphe ont ignorées. Des fleurs qui n'ont pu franchir la rampe, des fleurs pour rien... Au fond ce qu'on retrouve c'est la vieille coutume des cadeaux, mais débarrassée de toute trace utilitaire et subjective. Entre des gâteaux ou une bouteille de saké d'un côté et l'élégance des orchidées de l'autre se creuse toute la différence entre une subjectivité qui s'affirme et une autre qui se dissimule. Il y a là une perte du concret et de son ambiguïté au profit d'un signe maîtrisé et ainsi aux hésitations de l'aveu succède l'éloquence d'une communication.

Nulle présentation de bouquet ne me semble plus symbolique que celle que le vieux maître de butô Kazuo Ohno fit au jeune Tanaka Min. Immobile, celui-ci reçoit des bouquets — pas la moindre inclinaison, chose rare au Japon — lorsque enfin quelqu'un de banal, portant lunettes et costume rayé, monte sur scène. Il a, lui aussi, des fleurs à la main. Il les dépose sur les bras du danseur. En hommage. Le vieil artiste salue le plus jeune... Mais, tout d'un coup, saisi par le démon de l'humour, Ohno avec un geste d'une familiarité surprenante tâte les muscles de cette statue qui l'ignore. Comme s'il voulait tester son humanité... et alors le sourire pointe. En atténuant le sérieux du rituel floral, Ohno nous rappelle qu'au Japon les vieux maîtres savent rire.

Les fleurs sont l'accessoire festif de toute première, de même qu'à Paris pour les soirées de gala à l'Opéra. Il y a donc les fleurs qu'on offre, mais il y a aussi les fleurs que le théâtre lui-même installe car elles sont indispensables pour la mise en scène de l'accueil. Lors du spectacle de Tanaka Min dans un lieu prestigieux de la ville on apporte à la dernière minute des gerbes, des corbeilles, des bouquets. Surgit alors un paradoxe qui peut surprendre : le spectacle, lui, se réclame de l'esthétique de l'austérité extrême, de la concentration sur soi qui rejette tout ornement, mais ce qui l'entoure respecte avec soin la tradition japonaise. La mise en cause s'arrête à la lisière des fleurs.

A Mokubakan où les rituels se retrouvent, mais détournés, perturbés par la modernité, les fleurs envahissent aussi l'entrée. Des fleurs multicolores, mais des fleurs rigides, sans vie, des fleurs en plastique. Là où le kabuki côtoie les « tubes » de la télévision on ne se dérobe pas aux nouveaux matériaux. Les fleurs apportent la preuve d'une survie de l'ancien rituel qui s'accommode des conditions du présent.

Un soir j'assiste à la générale d'un programme de buyô, danse traditionnelle, donnée par Katsuko Azuma. A l'entrée, l'habituel déferlement de fleurs. Sur chaque bouquet une signature, un message. Ce qui surprend c'est la mise en évidence, presque ostentatoire, des fleurs offertes. Au fond il ne s'agit que du déplacement de la coutume de jouer avec les cadeaux et ainsi de rehausser le don autant que le donateur. Le spectacle m'éblouit. Et un ami m'entraîne vers la loge de l'artiste. Pour me remercier de ma visite elle m'offre des fleurs prises au hasard. Les fleurs retournent ainsi au spectateur heureux que je fus. Par rapport aux cadeaux, toujours plus personnels, elles ont une liberté accrue de circulation. Les fleurs ont la vertu de l'anonymat, de l'effacement de soi.

Du cadeau à la fleur c'est le chemin, au Japon, du théâtre brut vers le théâtre noble, du bas vers le haut, du *potlach* vers le culte.

Le faux plein air

Le théâtre traditionnel japonais est un théâtre de plein air. Même maintenant on peut voir de vieilles scènes de nô dans la cour des temples. A Nishi-Honganji il y a encore la scène du Nord et la scène du Sud. Là on doit s'asseoir sur l'engawa, véranda qui borde les temples pour qu'on puisse regarder la perfection de ce plateau asymétrique et, en même temps, ordonné. De la même place d'où l'on admire les mouvements du théâtre, ailleurs on se laisse absorber par les sillons des jardins secs ou les chutes d'eau des jardins humides. Cela confirme à quel point le Japon s'est peu soucié de varier les fonctions de ses architectures. A Miyajima l'antique scène de nô, entourée d'eau, est en plein air. Dans le petit village d'Issehala, entre la montagne et un courant d'eau agité, on joue parfois du nô. Des bâtiments en plein air, des spectacles en plein air. Mais, aujourd'hui, on a construit des salles où l'on incorpore tout, scène et toit réunis. Le toit, absurde à l'intérieur, n'a pour raison d'être que de rappeler la nature originelle du spectacle. Spectacle de plein air. De même que le toit géant qui recouvre les lutteurs de sumo dans une immense salle de sports. Il est là, lui aussi, tel un vieil organe qui ne sert plus à rien sauf à évoquer l'origine du sumo comme combat rituel de plein air. Quant au kabuki, de même que le nô, dès qu'il y a eu professionnalisation on a réclamé un toit qui pouvait assurer la régularité des représentations. (Le droit à ce toit, le gouvernement, à travers les siècles, l'a accordé, repris et ainsi de suite dans un incompréhensible mouvement d'humeur. Peu importent les raisons du combat car ce qui compte c'est de reconnaître ainsi l'importance, symbolique ou autre, qu'a eue le toit des salles de kabuki.)

Le plein air est inséparable de la lumière du jour. De même qu'en Grèce ou à Londres du temps de Shakespeare. Mais, si en Occident on a fini par éteindre la lumière — c'est Wagner qui le fit, assez tardivement, certes — au Japon elle reste encore allumée dans les salles closes. Un clair-obscur qui ne réduit pas le public à un corps unique, les yeux rivés vers le cadre éclairé. Mais, au fond ce clair-obscur ne serait-il pas un faux jour, souvenir du dehors, tout comme le toit qui n'abrite plus rien?

Le théâtre ancien au Japon n'est pas une activité nocturne. (D'ailleurs, sauf pour les spectacles très nettement rattachés à l'Occident, on joue peu le soir.) C'est une affaire de jour. La tradition du théâtre comme activité diurne n'a guère disparu à Tokyo et les horaires ne cessent pas de nous surprendre. Le kabuki commence à 11 heures du matin. D'autres spectacles à 13 heures, à 14 heures, à 16 heures... ici le théâtre ne saurait être lié ni à l'obscurité, ni à la nuit. Il aime la clarté. Cette clarté dont Brecht a voulu faire le régime de son théâtre. Mais, au-delà d'une idéologie théâtrale, j'éprouve un jour à quel point l'obscurité est inscrite dans la mémoire du spectateur occidental, dans son expérience corporelle même. Lorsqu'un effet technique a appelé le noir durant une représentation de kabuki j'ai ressenti un plaisir vif, brusque, inattendu, le plaisir de l'obscurité familière. Au Japon, dans ce faux jour continu, j'ai reconnu une fois la nuit des salles européennes et l'imaginaire qu'elle engendre.

Dans le clair-obscur on est avec les autres, dans le noir on est seul... Veilleur de nuit.

Au Japon c'est de la lumière que vient l'étonnement. Elle évite toute redondance, car à quoi le nô nous confronte-t-il? A une histoire de fantômes en plein jour. Les fantômes ont la force de s'incarner à midi, « l'heure la plus longue », comme disait Nietzsche. Le jour n'empêche point le dialogue avec l'autre monde. Il ne demande pas la nuit et sa convention spectaculaire. Cette convention le kabuki, tout comme l'Opéra de Pékin, l'adopte aussi, et souvent on assiste à des combats nocturnes en pleine lumière. L'affrontement gagne alors en théâtralité grâce à son extrême visibilité. La lumière est inséparable de la scène japonaise. Pour montrer des fantômes qui reviennent ou des guerriers qui se déchiquettent.

Ces vieux théâtres du plein air respectent toujours les cycles de l'année avec une application qui veut surenchérir sur le lien profond, toujours présent, qu'ils entendent continuer à entretenir avec la nature. Ses métamorphoses prennent pour le Japonais une forte charge affective et symbolique dont tout un code dit, lors de chaque saison, l'importance. Le théâtre s'adapte à cette mentalité collective et le répertoire tout d'abord est sélectionné, pour le nô ou le kabuki, selon le mois où on joue et, écrit Michel Wasserman, pendant l'été chaud on préfère la terrible histoire de Namboku, *Fantômes à Yotsuya*, qui « fait froid dans le dos ». Il y a donc un répertoire saisonnier.

Pour marquer encore plus la relation au calendrier de l'année, on orne la salle de Kabuki-za avec des imitations de feuilles rouges d'érable, les fleurs qui au Japon disent l'automne, dès le début du mois de septembre. Cette fausse nature est le pendant du faux jour, mais ils révèlent ensemble à quel point le nô comme le kabuki se refusent à abandonner les dernières traces du plein air d'origine. Il cesse sans doute d'être expérience vécue pour s'ériger en signe qui continue à exercer son pouvoir sur la pratique des comédiens aussi bien que des spectateurs. Indissociable du théâtre, ce faux plein air laisse parfois surgir le regret de l'autre. Le vrai. Celui dont aujourd'hui on n'a préservé que la convention.

Une affaire de femmes

Le théâtre au Japon est une affaire de femmes. Partout il n'y a qu'elles et seul l'âge varie, car si pour une étoile de music-hall ce sont des lycéennes qui s'empressent, pour Tamasaburo et Ennosuke ce sont plutôt les femmes autour de la cinquantaine. Uniquement au nô les sexes se mélangent comme si ce vieil art attirait de vieilles gens pour qui de telles distinctions n'ont plus de portée. Le Japon nous révèle des solidarités sexuelles dont l'Occident a perdu l'habitude. Les salles de pachinko, ce jeu de hasard avec des billes qui jaillissent, pareilles aux jets des fontaines artésiennes, regorgent d'hommes le soir, tandis que les salles de théâtre croulent, dans la journée, sous la foule des femmes. Le théâtre, activité diurne, reste leur lot. Par contre elles sont exclues de la nuit. Division des plaisirs, division des cycles, division des sexes.

La mémoire du théâtre, non pas celle du travail de l'acteur dont le maître ou le koken sont les principaux dépositaires, mais celle de la réception, est une mémoire de femmes. Mémoire de mère. Ou de grand-mère. « Quand j'étais adolescent on se levait tôt, ma mère et moi. On préparait les boîtes de nourriture et on partait au théâtre à Kyôto », me raconte un critique japonais connu. Un jeune Japonais, ancien étudiant en France, cite, sans cesse, les commentaires de sa grand-mère. Elle lui a tout appris. Mais ce qui est vrai pour le théâtre l'est aussi pour l'art du thé ou pour l'ikebana, l'art des fleurs. La mémoire culturelle du Japon est aujourd'hui féminine.

La spectatrice arrive munie au théâtre. Elle apporte livres et boîtes. Elle va repartir tout aussi chargée. Cette fois-ci de cadeaux et de souvenirs. Tout particulièrement la femme qui vient au kabuki n'a jamais les mains libres : il y a chez elle une vraie passion du transport des sacs. De la maison vers le théâtre et du théâtre vers la maison. La femme, tel un agent intermédiaire, emporte et apporte en se livrant ainsi à un véritable substitut d'activité, activité qui au Japon doit toujours accompagner le plaisir.

Le nô se joue en japonais ancien, aujourd'hui tout aussi peu compréhensible pour un Japonais que la langue de Rabelais pour un Français. Pour le suivre il doit se plonger dans la lecture simultanée du texte. Le spectateur habitué a, chez lui, sa collection des textes du répertoire parmi lesquels il peut choisir, comme le fait en Italie l'amateur avisé d'opéra, selon le programme prévu. Des textes usés, avec les couvertures racornies et les pages froissées. Des textes de spectateur. Pour l'expert, le livret est indispensable, et, s'il n'en possède pas, il peut l'acheter à l'entrée. Il y trouve le texte, mais aussi les principales postures des acteurs aux moments essentiels : le livret combine le mot et le dessin et c'est ce double graphisme qui informe le spectateur en lui permettant ainsi de suivre aussi bien l'enchaînement des mots que celui des figures du corps, les chants et les katas. Le nô est quelque chose qui s'écoute tout autant qu'il se donne à voir. Une fois, dans le silence, j'ai entendu le bruissement de la page du texte qu'on tourne. Le plus beau bruit d'une salle de théâtre. Yeats l'aurait aimé, ce bruit de la concentration. Mais aussi de la surveillance. Surveillance de lecteurs-spectateurs plongés dans leurs livres. Le spécialiste, tout en suivant le texte, écoute et regarde par intermittence. L'ouïe est continue, la vue est parcellaire; le son est inépuisable tandis que de l'image on ne voit que les moments forts. De même que dans toute cérémonie. Et le nô en est une.

A côté du livret, la spectatrice apporte sa boîte avec du riz et des poissons crus. Moins pour le nô, mais très couramment pour le kabuki. Les spectacles sont longs et on doit se nourrir. A Paris on a commencé à manger aussi dès qu'il y a eu allongement inhabituel de la durée des spectacles. Mais ici, les spectateurs moins avisés que leurs homologues japonais, se précipitaient sur les sandwichs et les bouteilles de bière à la Cartoucherie lors des spectacles Shakespeare d'Ariane Mnouchkine ou à Chaillot lors du *Soulier de satin* d'Antoine Vitez. Pour le *Mahabharata* de Peter Brook, vu l'exceptionnelle longueur, certains prennent les mêmes précautions qu'au Japon et amènent des réserves. L'extension du spectacle dans le temps entraîne naturellement l'apparition des besoins alimentaires. Mais ce qui est rare en France est de règle là-bas.

A l'entracte d'un spectacle de kabuki un quart de la salle reste sur les sièges pour manger, tout en respectant la propreté du lieu tandis qu'à Paris, à la Cartoucherie ou à Chaillot, les salles finissaient régulièrement parsemées de déchets (est-ce que cela ne vient pas d'un manque d'habitude? d'une inadaptation?). A Tôkyô point de trace du repas. Aucun reste. D'ailleurs entre deux programmes, qui durent chacun cinq heures à Kabuki-za, il n'y a que vingt minutes d'interruption. La salle est laissée en parfait état. De même que sur la scène il n'y a pas de marques du spectacle qui vient de s'achever, dans la salle le repas du spectateur ne sera jamais repérable. Comme si de rien n'était. Tout peut reprendre.

Les salles sont équipées pour satisfaire ces besoins d'alimentation, besoins qui tout de même prennent, pour nous, une importance excessive. A Kabuki-za on peut compter neuf restaurants dont les prix suivent la même courbe dégressive que les prix des places : plus on monte, plus ils baissent. Le spectateur sans boîte, pour être assuré de trouver une place doit s'inscrire dès son arrivée à un guichet spécial. Ensuite, à la pause, un véritable assaut s'engage et toutes les salles de restaurant sont combles en quelques minutes. Pas une chaise vide. L'avantage des loges c'est de pouvoir se faire servir sur place, de continuer même à manger et boire durant le spectacle. Finalement le principe des loges rappelle le plus le principe d'origine d'une salle de kabuki. Dans les sous-sols du Théâtre Impérial, des restaurants aux spécialités diverses se multiplient aussi, bien que les représentations à l'occidentale aient ici une durée réduite. L'alimentation participe au rituel du théâtre, peu importe sa nature, et il n'y a pas de salle importante sans cette forte concentration d'espaces culinaires. L'activité théâtrale, inséparable de la nourriture, affirme ainsi sa normalité. Elle n'est pas une parenthèse de la vie pour un spectateur qui refuse de distinguer le privé du public. Ils sont indissociables.

Le théâtre comme tourisme

Sous lès Tokugawa, le Japon se fermait sur lui-même et les contacts avec l'extérieur furent suspendus. Cela entraîna le développement du tourisme intérieur et, les statistiques le prouvent, les Japonais circulèrent énormément dans le périmètre de l'archipel. Ces déambulations saisonnières eurent pour conséquence la constitution d'une importante industrie de souvenirs car chaque voyage, fût-ce à quelques kilomètres, supposa l'achat de nombreux petits cadeaux. Tout déplacement est relié à la coutume des cadeaux. Le petit roman de Thomas Raucat *L'honorable partie de campagne* décrit avec ironie cette coutume nationale.

Aller au théâtre prend le même sens que se rendre au bord de la mer ou quelque part à la montagne pour visiter un temple. Il est assimilable au tourisme. Cela explique, sans doute, l'avalanche des magasins qui s'amoncellent à chaque étage. On peut tout y trouver : du manteau jusqu'aux jouets, des gadgets jusqu'aux gâteaux secs et aux pickels qu'on mange avec tous les plats, des timbres jusqu'aux cravates ornées avec des dessins de maquillages de kabuki. Les vendeurs crient, les spectateurs achètent. Outre à s'alimenter, les entractes servent aussi aux activités commerciales, dont d'ailleurs le théâtre ne se sépare presque jamais : soit il y a installation des boutiques dans les bâtiments du théâtre, soit la salle elle-même occupe un étage dans un grand magasin semblable à la Samaritaine ou au Printemps. Entre le théâtre et le commerce il y a contiguïté. L'un ne gêne pas l'autre. De même qu'autour des grands temples bouddhiques prolifèrent les marchands — la religion ne les exclut point — les théâtres rejoignent aussi ces activités. Les salles ne se coupent pas des circuits commerciaux car pour les spectatrices les plaisirs de voir, de manger et d'acheter se valent. Il n'y a pas de priorité, mais seulement succession. Les uns après les autres. On arrive avec des boîtes. On part avec des boîtes. Entre les deux il y eut du théâtre.

Outre le nombre démesuré des magasins, celui des postes téléphoniques surprend également. Il y en a des dizaines et à l'entracte on fait la queue, on s'énerve même, fait inhabituel au Japon. Les foyers ressemblent à une bourse aux affaires où les agents se précipitent sur le téléphone pour informer leurs patrons du déroulement des opérations. En Occident le spectateur adopte une conduite de séparation du monde, tandis qu'au Japon on maintient la liaison permanente avec l'extérieur et l'entracte permet de la rétablir le plus vite possible. En allant au théâtre on ne s'isole pas du monde. On mange, on achète, on appelle : l'extraterritorialité du théâtre occidental, rien de plus étranger au public japonais ! Le théâtre n'est qu'une station sur la chaîne magasin-temple-bourse. Ils s'apparentent et se renvoient l'image l'un de l'autre sans hiérarchie, ni complexe[1].

Le nô et les cadres

Dans une soirée où l'on fêtait le vin français à Kyôto des gens d'affaires procédaient avec délice à la dégustation des bordeaux et des bourgogne. Lorsqu'un Japonais adopte une coutume occidentale, il devient le plus souvent un expert émérite. En chevaux ou en Gallé, en musique ou en alcools. La volonté d'un savoir parfait est au Japon plus aiguë que nulle part au monde.

L'Occidental qui arrive habité par le modèle du Japonais compétitif, austère et toujours au mieux de sa forme, découvre avec surprise l'importance de l'alcool au Japon. On y boit beaucoup, en général en

1. Les groupes modernes se sont opposés à cette habitude en créant d'abord des théâtres itinérants : les fameux théâtres de « la tente rouge » et de « la tente noire ». Puis en choisissant des lieux différents, en général petits, où aucune activité autre ne vient s'immiscer, mais peut-on s'interdire de rapprocher l'exiguïté de ces salles de celle des bars qui à Tôkyô reçoivent quelques personnes seulement? Le théâtre et le bar participent de la même expérience spatiale. C'est là le fait d'une génération, révoltée certes, tout en restant celui d'une culture.

groupe. On boit pour se détendre et surtout pour ne plus éviter l'autre, pour l'aborder, lui parler, dialoguer. Et ainsi, sous l'effet libérateur du Saint-Amour, un éminent industriel, petit de taille, nerveux et irascible, commença à m'avouer sa passion pour le nô. Il ne se contenta pas de l'affirmer mais, très vite, en pleine soirée, il est vrai assez tumultueuse, passa à l'acte. D'abord en adoptant les positions de départ, puis en alliant le son au geste pour finir enfin par quelques enchaînements admirablement maîtrisés. La justesse des détails et la précision des lignes m'étonnèrent et après les compliments que je formulai courtoisement, je décidai d'enfreindre les règles de la discrétion et je l'interrogeai sur l'origine de son savoir si accompli. « Je prends des leçons avec un vieux maître », me confia avec orgueil l'homme d'affaires qui par ailleurs avait fait grandement honneur au vin français.

Le nô, assez délaissé dans les salles, attire en tant qu'exercice esthétique privé. Si les femmes se précipitent dans les salles de kabuki, nombreux sont les cadres supérieurs qui se forment à l'art du nô. Et ainsi cet art secret est, une fois encore, réservé à une élite. Non plus élite de classe comme jadis, mais élite économique.

L'engouement pour le nô de ces Japonais haut placés évoque la fin du siècle à Vienne, ces soirées crépusculaires que décrit Schnitzler, ces réunions musicales que Paul Klee aimait fréquenter. A Kyôto je découvrais que les champions de l'informatique n'ont pas tous abandonné ce que l'Occident technologique a trop vite brocardé : le goût exquis pour le dilettantisme artistique car s'entraîner au nô est l'exercice favori de nombreux patrons japonais. Transposé en Occident, cela supposerait que l'on imagine Tapie jouant du clavecin... Hypothèse absurde! Non point parce que Tapie en serait incapable, mais surtout parce que l'Europe a sacrifié le pouvoir pédagogique du *faire* au profit de la consommation artistique. Des cadres supérieurs remplissent les salles de concert mais qui se consacre encore au violon? Parmi les fanatiques de l'opéra qui prend encore des leçons de chant? Personne, sauf une amie femme d'affaires qui pense ainsi s'échapper de son milieu.

Le fauteuil ou la lutte avec l'étranger

La manière de s'asseoir aux différentes formes de spectacle — du nô au kabuki et du sumo au rakugo — dénote le rapport Orient/Occident. Il y a d'emblée une bipartition inscrite dans la réalité même du lieu. La salle de rakugo dispose au centre des rangées de sièges rabattables, à l'occidentale, tandis que sur les bords du rectangle, légèrement surélevés, se trouvent des tatamis sur lesquels les spectateurs s'assoient à la japonaise après s'être déchaussés et avoir déposé leurs souliers dans des boîtes dissimulées juste devant eux. On n'a qu'à soulever le couvercle sur lequel on s'appuie ensuite : on y place ses chaussures et, une fois à l'aise, on se met à écouter. Dans les salles de rakugo on dessine une disposition fréquente dans des lieux théâtraux improvisés où on distingue la même coexistence des deux aires : l'une, la plus proche de l'espace de jeu, couverte de tatamis où les gens s'assoient à même le sol et l'autre, plus éloignée, où des chaises instaurent implicitement une différence de niveau. La pente de visibilité n'est donc ici que la solution artisanale d'une ambiguïté de civilisation. De sa division. L'accouplement de ces deux façons de s'asseoir place le public devant un choix, car au guichet d'entrée on distribue gratuitement des sacs en plastique pour mettre les chaussures. Là on voit de vieilles femmes s'arrêter sans la moindre hésitation — pour elles, pas de doute, la position préférée ne peut être que la position à la japonaise, tandis que les gens d'âge mûr passent sans prêter autant d'attention. Ils choisissent selon la disponibilité des places. On ne réfute a priori aucune des hypothèses et on se décide selon l'état des choses. Ces spectateurs d'âge mûr plus occidentalisés ne prennent pas de sac à l'entrée, ils viennent le chercher ensuite ou, même, se résignent à garder les chaussures sur les genoux. La coexistence chaises/tatamis s'érige en modèle de topographie culturelle.

A cet égard la salle de sumo reste la plus symptomatique : elle dessine, comme dans un diagramme, l'histoire. Et ses déplacements. Les premières rangées sont divisées par petits carrés individuels recouverts d'un coussin rouge numéroté. Là, sans aucun souci de convivialité, s'installent à la japonaise, déchaussés bien sûr, les spécialistes du combat. Ceux qui veulent apprécier de près le moindre détail sans distraction aucune. Ils ont le privilège de la proximité et aussi celui de la solitude : rien ne peut les perturber. Chacun, cloisonné dans son carré, fait du combat son unique centre d'attention. Ces places-là atteignent des prix énormes et néanmoins j'ai vu un jeune homme bien modeste s'asseoir au premier rang. Il avouait ainsi sa passion pour le sumo.

Plus loin déjà on distingue des carrés plus larges, pour quatre ou six personnes, délimités par des barres métalliques. Là il y a un cendrier et une théière qui, à eux seuls, reconnaissent que ces lieux sont des espaces du regard autant que des espaces de convivialité. On y mange, on boit du thé, on parle. Des porteurs arrivent sans cesse avec des réserves d'aliments, des bouteilles de bière ou du thé. Là, dans le carré, une famille passe un après-midi au sumo de même que des Parisiens un dimanche à la campagne. Aller au sumo ressemble à une sortie de famille. Le père regarde, la mère tourne même le dos au combat pour discuter avec une amie qui vient lui rendre visite, tandis que la petite fille est plongée dans une bande dessinée. Le plaisir d'assister à une compétition se mêle à celui de la socialité.

Par cette disposition en ruche des carrés pour six personnes, la salle de sumo rappelle l'ancienne répartition, aujourd'hui disparue, du public de kabuki. Pour comprendre l'atmosphère de jadis il suffit d'aller au sumo où on retrouve encore la parcellisation, désormais absente dans les salles de kabuki. Enfin, loin de l'arène, en hauteur, il y a des fauteuils à l'occidentale, les places meilleur marché. On remarque la même individuation qu'aux premiers rangs, mais la proximité en moins. Le fauteuil est le coussin du pauvre. Entre les deux, les carrés de la socialité.

Les grandes salles de théâtre, de Shimbashi Embujo à Kabuki-za, usent discrètement de cette double possibilité. Pour la majorité des places le fauteuil s'est imposé et c'est seulement dans les loges qu'on peut s'asseoir soit à la japonaise, soit à l'occidentale. La loge rend possible le choix : et par là même elle est un luxe. La loge, autre privilège, vous permet aussi de boire du thé tout au long du spectacle — théières et tasses sont à votre disposition — ou même de manger sur place — on vous y apporte des plats sur commande. La loge préserve la relation traditionnelle au kabuki, relation qui ressemble à celle des Anglais face à la scène élisabéthaine. Et ainsi, renversement paradoxal, ce qui à l'origine était fait courant devient exceptionnel et ce qui était d'un prix modique, onéreux. Si la loge permet la position à la japonaise, dans la salle les vieilles dames savent comment subvertir l'Occident : elles déposent les chaussures devant le fauteuil sur lequel elles s'installent ensuite, les genoux pliés, selon la coutume. Au fond, chercher à retrouver la position japonaise sur un siège occidental prouve que le plaisir du spectacle reste inséparable de la mémoire du corps. Pour aimer pleinement la scène il faut retrouver l'aisance du chez-soi. Puisqu'on mange et qu'on parle comme à la maison, pourquoi le corps subirait-il un autre traitement ? C'est cette cohérence-là que sauvegardent les vieilles dames lorsqu'elles s'agenouillent sur les fauteuils après avoir retiré les chaussures. Le corps en se pliant à cinquante centimètres du sol oublie l'Occident. La lutte avec le fauteuil c'est la lutte avec l'étranger.

Horloges et vieilles coutumes

L'équipement de chaque grand théâtre japonais dispose d'un système multiple de chronométrage. Dans les foyers et dans la salle, partout, il y a des horloges (sans signalisation lumineuse, éteintes durant le spectacle, elles continuent à fonctionner à côté de la scène), des panneaux électriques sur lesquels on indique la durée des entractes, où l'on marque aussi son écoulement. On fait des annonces, on place des écriteaux à des points stratégiques des foyers. Cette obsession du temps rappelle certains théâtres allemands. Mais par rapport à ceux-ci l'originalité du spectateur japonais vient de son refus tacite de se plier à de pareilles contraintes horaires, contraintes récentes, étrangères à l'esprit du vieux théâtre qui, lui, pratiquait le laxisme dans ce domaine. En plaçant tous ces indicateurs chronométriques les administrateurs des théâtres envisagent une modification du comportement traditionnel suivant le modèle occidental — l'horloge a une vocation pédagogique — mais le public formé aux coutumes d'autrefois fait preuve d'une grande résistance. Face à l'intoxication technologique il se dérobe en rendant incertaines ce qu'on pourrait appeler « les marges de la représentation ». On remarque d'emblée le peu de souci qu'a le spectateur japonais pour le cadrage dans le temps d'un spectacle, cadrage qu'on respecte tant en Occident. Ici, par contre, on arrive souvent avec un certain retard, on bouge pendant les premières danses, on finit de ranger les paquets comme si le spectacle n'avait pas véritablement commencé : la représentation débute dans la confusion. Le nô, selon Zeami même, doit tenir compte de cette disposition du public et l'accepter en faisant en sorte qu'on se concentre progressivement. On accepte donc volontiers les bruits des frontières, de l'incertitude, du théâtre en train de mettre en condition son public. La tradition prévoit qu'un programme de nô commence avec une série de danses qui se déroulent dans une agitation presque totale (de nombreux spectateurs restent encore à la cafétéria d'où, grâce à un circuit de télévision, ils peuvent savoir le moment où le waki arrive) et qui ne se calme même pas avec l'approche des musiciens. C'est lors de la venue du waki que les derniers retardataires occupent leurs places et le silence, au fur et à mesure, gagne la salle. Dans les portes du théâtre de Kyôto on remarque des fentes, équivalent archaïque du circuit de télévision du Théâtre National de nô à Tôkyô, qui permettent aux spectateurs de surveiller le déroulement du programme et de choisir le moment de l'entrée.

Au Japon on ne doit jamais changer de place, car place vide ne signifie pas absence implicite de l'occupant. Celui-ci peut arriver à n'importe quel moment. Soit parce qu'il s'attarde au foyer, lieu de conversation et de présentation des kimonos, soit parce qu'il sélectionne seulement certaines parties de l'ensemble. Au fond le spectateur japonais ne subit pas de fortes contraintes horaires. Et cela ne gêne en rien les acteurs, de kabuki en particulier, où souvent aux bruits de la salle répondent en écho les bruits des machinistes sur scène qui s'affairent derrière pour assurer dans un minimum de temps le changement de décor. La surprise scénographique compte plus pour la représentation que le silence, silence qui ne prend pas ce sens de régime lié impérativement à la création auquel l'Occident nous a habitués. Le public alterne détente la concentration.

L'inattention sélective

Au Japon on dort beaucoup dans les lieux publics. Jeunes et vieux, écoliers et cadres, hommes et femmes. Sur une banquette de métro, dans une salle d'attente, derrière une devanture. Sommeil urgent. Sommeil parcellaire. Vu l'aura qui entoure le Japon, on a tendance à y voir le signe de l'épuisement, la preuve d'une vie de travail, menée au-dessus des forces de chacun, qui prend sa revanche au moindre relâchement. Les Français vivent au-dessus de leurs moyens, les Japonais au-dessus de leurs forces. Mais il faudrait se méfier de l'équation sommeil public-fatigue, car ce sommeil sert aussi à la détente, à la relaxation indispensable à celui qui se concentre. Il y a plus d'une seule explication au sommeil des Japonais dans les lieux publics.

Au théâtre où aucun agissement de la vie courante ne disparaît on dort aussi beaucoup. Les spectateurs somnolent et la perception du spectacle se fait par plages intermittentes. Il n'y a pas d'enchaîné, mais plutôt des séquences alternées avec de longs noirs. L'étendue des programmes de même que la connaissance du répertoire expliquent certainement, au moins en partie, une pareille déconcentration, accentuée encore plus par le fait de manger durant le spectacle ou par les entrées et les sorties, si silencieuses soient-elles. Ici plus que pour suivre une fable on vient pour admirer l'art d'un maître et cet art ne se manifeste qu'à certains moments, suivis, eux, avec une attention extrême. Le spectateur s'adapte au spectacle et en fonction de lui il alterne l'état de veille et le sommeil. On s'abandonne au sommeil de même que le voyageur dans le métro qui, tout en somnolant, ne rate pas pour autant sa station. Sommeil de spectateur avisé. Son inattention est sélective. Il refuse la continuité au profit d'une discontinuité où ce qu'on salue c'est l'art de l'acteur plutôt que l'inattendu de l'événement.

Cette analyse peut être contestée à partir de l'exemple du shingeki où l'on présente du théâtre à l'occidentale, théâtre moins connu qui, de surcroît, se développe, lui, autour du suivi de la fable. Là, on dort aussi, bien que le déroulement de l'histoire demande une attention ininterrompue et que les acteurs ne manifestent pas leur art à des moments précis, bien déterminés, facilement repérables par la salle. Mais, en réalité, en dépit de toutes ces différences le public n'entend pas pour autant sacrifier ses habitudes et le sommeil est en effet complémentaire à la lutte avec le fauteuil. Lui aussi est une forme de résistance à l'Occident. Ni la nature différente de la représentation ni celle du lieu n'ébranlent entièrement le comportement du spectateur japonais.

L'inattention sélective, on la retrouve en Europe

aussi. A l'opéra par exemple où au XIXe siècle dans les salons des loges de la Scala on tenait salon littéraire — Stendhal le raconte — on buvait du champagne et on faisait la cour aux belles femmes pour ne regagner le devant que lors des grands airs. On ne doit pas oublier que les théâtres de kabuki au XVIIIe siècle étaient directement reliés aux salons de thé par une sorte de passerelle. Le théâtre traditionnel, on le regarde toujours comme un art qui n'exclut pas la distraction : la jouissance du spectacle se conjugue avec des plaisirs d'une autre nature. On ne prête pas attention aux enchaînements, aux liens. Le spectateur d'opéra ou de kabuki choisit le comble et évite le moins. Lorsque le sommeil n'est plus un accident — c'est ainsi qu'on le perçoit à première vue — mais, bien au contraire, une pratique de spectateur qui se confronte à la durée d'un programme et au connu du répertoire, il fonde une approche ontologique propre. Le sommeil permet d'opérer un retour sur soi afin de mieux saisir le spectacle lors des moments de veille. On ménage le corps en le nourrissant, en le reposant pour qu'il soit prêt aux instants choisis. Alors rien n'échappe à ce public de spécialistes.

Rien ne saurait mieux révéler cet usage de la somnolence que l'effet de miroir scène-salle si présent dans une représentation de nô. Les choristes, pour la plupart, dès qu'ils ont fini de chanter, ferment les yeux. De même que les spectateurs. Est-ce pour se concentrer, se reposer ou pour « représenter leur propre absence » selon une expression de Moriaki Watanabe? Ils ouvrent les yeux très précisément pour l'intervention suivante. Pendant ce temps-là le waki ne cesse pas de regarder vers le shite, fantôme qui vient répondre à ses appels, et ainsi sur la scène coexistent le regard éveillé et la somnolence. Par contre, chez le spectateur ils se succèdent dans un rythme dont il a encore le secret. Ainsi le théâtre échappe à toute censure : il garde le prestige de l'art sans que cela entraîne l'abandon de la détente.

Le Dieu masqué

C'est le beau titre du livre que Gérard Mantzel consacre aux fêtes du Japon. Il a traversé l'Archipel à leur recherche et pareil entêtement pourrait donner aux pratiques citées le caractère exceptionnel de ces manifestations en voie de disparition que tout ethnologue se doit de citer. Au fond il n'en est rien et les fêtes sont aujourd'hui tout aussi fréquentes que du temps où Kawabata les décrivait dans *Kyôto*. La fête fait toujours partie du paysage japonais, rural ou urbain. Elle paraît comme une force ancienne, à jamais apprivoisée, en plein cœur de Tôkyô, parmi des enseignes multicolores et des fleurs en plastique. La fête est une résurgence. Une énergie d'antan, actualisée. J'ai vu des jeunes gens porter les célèbres chars, mikoshi, dans un état d'exaltation extrême tout au long d'un quartier de Tôkyô, traverser une ville ou descendre dans les eaux de l'Océan. C'est toute une image du Japon ces chars portés ensemble sur les épaules : l'image de cette force souterraine et inextinguible qu'entretiennent les arts martiaux. Mais si, dans le combat, on est seul, ici on participe à une communauté, si passagère soit-elle, et c'est justement cette appartenance qui a envoûté Mishima lorsque, après des heures d'entraînement, il a enfin trouvé la force physique de se joindre aux porteurs de mikoshi. Il a parlé alors, lui, le solitaire, de la découverte d'une solidarité.

Ce qui en Europe subsiste encore dans quelques villages des pays de l'Est, au Japon fait toujours partie des rites respectés dans les grandes communautés urbaines. Ils cohabitent avec l'informatique. Le Japon ne cessera pas d'être le pays de la superposition des coutumes et des formes, et non pas de la substitution des unes aux autres. Ici tout est préservé dans une structure géologique apparente qui, depuis Eisenstein, ne cesse pas de surprendre l'Occidental : le Japon peut actualiser à chaque instant toutes les formes de spectacle que son histoire a connues.

A la campagne on voit les anciennes danses masquées, kagura. Sur une estrade un vieil homme et ensuite un enfant reprennent les figures de jadis, simples, répétitives où l'éventail a toujours le rôle principal. Ailleurs, à même le sol, des paysans, la tête cachée derrière des cages surréalistes qui représentent des pots de fleurs ou des oiseaux, dansent sous les regards amusés des villageois. Dans la cour d'un temple de la capitale on assiste au rituel des poupées qu'on brûle tous les ans afin que leur esprit ne parvienne pas à s'incarner et à envahir la vie des familles. Tôkyô a refusé cette rançon de la modernité qu'aurait pu être l'oubli des fêtes. Çà et là, elles surgissent dans la ville. Et la ville les attend.

Un jour, dans un temple, des tambours résonnent et de loin on aperçoit les ondulations des danseurs qui incarnent des dragons et d'autres figures étranges. La cérémonie rappelle les mouvements archaïques du gagaku, ces danses du VIIIe siècle qu'on présentait à la Cour. La musique reprend les mêmes sons, les déplacements sont naïfs, mais les costumes autant que les masques resplendissent avec éclat. En s'approchant on découvre que le spectacle est destiné à un couple de jeunes mariés. C'est ce qui scelle leur union, c'est ce qu'on leur offre, comme si en Europe on ressuscitait un *masque* élisabéthain pour le sacrement des noces et je comprends alors qu'il n'y a rien de plus somptueux qu'un spectacle en guise de cadeau. Cadeau fugitif, cadeau définitif. « Je vais danser pour toi », dit Carmen à Don José. De ce don il ne reste rien, il est seulement un fait de la mémoire, mais il dit plus que tout autre chose. Dans ce don indéfectible qui reliait au temple deux êtres, le Dieu masqué était là.

Le buyô et l'omoé

Au Japon, on l'a dit, des genres et des formes anciennes subsistent. Dans des salles misérables, comme pour les contes d'Ôsaka où des vieillards chantent des histoires pour d'autres vieillards clairsemés parmi des fauteuils vides : là on éprouve l'imminence de la fin, et pourtant même cela ne va pas mourir. Ou dans des salles somptueuses qui servent de point de rencontre à tout Tôkyô, venu honorer une grande école de danse. Ici on lègue un art, et il y a toujours quelqu'un pour se sentir chargé de sa sauvegarde. Après la guerre, les acteurs de nô travaillaient dans des usines et la nuit ils continuaient à s'entraîner afin de ne pas perdre leur maîtrise et de maintenir leur art, à l'époque difficile de la lutte de McArthur contre le vieux Japon. Aujourd'hui on dit que le bunraku est délaissé en raison de son extrême difficulté, car il faut s'exercer plus de cinq ans pour manœuvrer le bras d'une marionnette et autant, sinon plus, pour pouvoir quitter la cagoule du disciple et avoir droit à la tête nue des maîtres, pour passer donc de l'invisible au visible. Néanmoins, le bunraku, c'est certain, saura trouver des héritiers, car, au Japon, seuls les gens meurent, mais jamais les arts. Le metteur en scène

Suzuki raconte que lorsqu'un grand maître, déjà âgé, crut que le kabuki déclinait il voulut faire de lui son héritier. Il suffit d'un seul successeur pour que les secrets se communiquent, mais celui-là doit être sans tache ni faiblesse.

Les familles préservent et sauvent opiniâtrement ce qui est menacé. Elles assurent la vie ou la survie des vieilles formes. Deux danses de jadis, le buyô et l'omoé, grâce à la transmission des secrets ainsi qu'à la responsabilité qu'elle engendre existent toujours et éblouissent l'étranger qui les découvre.

Entre le buyô et l'omoé il y a tous les jeux de l'ambiguïté des sexes, d'une incertitude chère aux Japonais. La danse de buyô, danse de femmes, saisit par l'énergie, par la violence angulaire des mouvements et la solidité des positions : la danseuse réalise ce qui par ailleurs, fait la vertu des expressions du corps masculin. Katsuko Azuma, d'abord seule, puis accompagnée, projette de la femme une image qui surprend, mais l'attrait vient justement de la transgression, d'un disparate étonnant entre le code habituel du comportement féminin, comportement réservé, effacé, et la force que dégagent les danseuses de buyô. A l'opposé, dans l'omoé, ce sont des hommes qui se lancent dans des mouvements d'une rare fluidité où tout n'est qu'enchaînement sans crispation, ni coup d'arrêt. L'homme, cette fois, atteint le sommet d'une souplesse considérée comme toute féminine. Le détournement s'opère donc de nouveau et, au Japon, le corps s'affronte souvent à cette épreuve, l'épreuve de la translation des sexes et des codes que le comportement quotidien respecte tant. Dans le buyô et dans l'omoé, chaque fois, entre le danseur et l'image du corps qu'il propose il y a renversement : l'art déstabilise ce que la nature ou la norme ont trop figé. Le travestissement des acteurs de kabuki ou ce déplacement des danseurs tiennent, au fond, d'une même subversion, celle issue de l'artifice et du faux, pouvoirs de l'art.

Jiuta-mai, comme le regard de Lioubov...

Jiuta-mai, la danse introuvable à Tôkyô qui, à Paris, passa telle une étoile filante, je ne l'ai pas vue. Ce soir-là je suivais la plongée excessive, sans précaution ni économie, d'une jeune comédienne dans Médée. Suivre — voilà le mot, mot de la distance et non pas de l'engagement, mot de la réserve! Face à cette énergie démesurée, énergie dont le déferlement semblait parfois abusif, il ne me restait qu'à me reposer de temps en temps pour tenter de me représenter l'autre spectacle, inconnu, rare, celui de Jiuta-mai... Cette danse, que pouvait-elle être?

Dans la nuit je rencontrai Peter Brook : « L'on fait très peu de choses, presque rien. Jiuta-mai c'est comme du Beckett adapté aux danses de geisha. » Plus tard, par ses propos, la danseuse me confirme le diagnostic de Brook car, affirme-t-elle, au début il a fallu apprendre « l'immobilité dans le mouvement » pour passer plus tard au « mouvement dans l'immobilité ». Deux versants d'une même quête obstinément opposée à la rhétorique des passions.

Et Brook, en continuant, précise : « C'est comme si l'on montait *La Cerisaie* en réduisant tout au personnage de Lioubov qui lève les yeux pour regarder la maison partir en fumée. Que ça! Le regard de Lioubov. » Regard humide, au « bord des larmes », aurait dit Tchekhov, car la danseuse relie la fixité d'une posture et la transition infinitésimale d'un état à l'autre. « Tel le regard de Lioubov... » — voici la comparaison la brookienne qui dans un raccourci capta l'essence de Jiuta-mai, comparaison qui relie l'Orient et l'Occident et leur permet de s'éclairer l'un l'autre.

Le karaoke et les aveux dissimulés

Le jeu de pachinko, ce jeu que Barthes a décrit, où l'on s'installe devant une sorte de flipper placé à la verticale que des dizaines de billes envahissent, est un jeu de solitaire. Dans le pays du « groupisme » le pachinko a connu un succès qui vient contredire tout propos excessif quant à l'inaptitude des Japonais à rester seuls (d'ailleurs c'est au Japon que fut imaginée une manière, encore plus appuyée, de s'isoler dans la ville : le walkman). Bien que toute tentative d'extension d'un discours à la mentalité japonaise entière soit régulièrement battue en brèche, les jeux du pays donnent néanmoins des indications sur ses désirs, sur ses envies.

Le karaoke est une sorte de psychodrame auquel des petits groupes se livrent dans la ville. On se place dans une situation spectaculaire où chacun, à tour de rôle, est acteur et spectateur. Dans une salle minuscule, tapissée de cassettes, on vous sert à boire tout en vous assurant la possibilité de chanter en public, non pas accidentellement, mais disons, institutionnellement. Le client demande un whisky et une chanson. Tantôt il reste au bar, tantôt il monte sur une estrade pour murmurer une chanson dont l'orchestration est renvoyée par la chaîne du bar, tandis que lui-même égrène les mots illustrés simultanément par des images vidéo avec des rivières, des saules et de belles Japonaises. Chacun y va pour se produire, mais, bien que la réussite soit inégale, on ne remarque pas la moindre trace de dérision. Et pourtant dans la clientèle se mélangent des jeunes adolescents en groupe avec des adultes parfois proches même de la retraite, des fonctionnaires et des étudiants, des journalistes, un médecin, un professeur. Certains sont venus ensemble, d'autres pas. L'endroit n'a rien d'un club fermé. Tous chantent, mais jamais en groupe, toujours, les uns après les autres, en alternant sans arrêt la place de spectateur et celle d'acteur. Le circuit est ininterrompu. Jusque tard dans la nuit.

Comment explique-t-on l'éclosion de cette pratique surprenante où le spectaculaire, si absent dans la vie quotidienne japonaise, occupe le devant de la scène ? Elle vient précisément de là, de cette frustation que, le temps d'une nuit, le karaoke pallie : si les codes de conduite réclament l'étouffement de tout aveu, de toute confidence, le karaoke libère, en permettant à des êtres trop censurés de parler par le biais de chansons, de se livrer grâce à cette situation dramatique minutieusement élaborée. Le karaoke est pour une parole subjective ce qu'est Hyde Park Corner pour la parole politique.

L'enfant maîtrisé par l'art

En Afrique les enfants s'intégraient naturellement aux improvisations proposées par le groupe de Peter Brook sur la place du village. Souvent même ils animaient le spectacle en apportant une énergie en mouvement, indifférente à toute contrainte. Cette fluidité fascina Brook. « Un enfant n'interrompt jamais le courant, dit-il... la vie coule en lui... Il ne joue pas, il est l'image de la vie qui coule... On est alors en contact avec quelque chose de très précieux. »

Au Japon, le nô ou le kabuki utilisent aussi des enfants. En plein air, à la montagne, je vois un nô où le waki est un enfant. Des flammes entourent la scène, elles s'agitent, bougent au premier plan tandis que, derrière, des acteurs concentrés se déplacent avec rigueur sur le fond à peine éclairé de la forêt. La lune se lève et il ne manque que le lac pour que la scène du théâtre de Kostia dans *La Mouette* soit entièrement reconstituée. Outre le feu et la lune, il y a même l'appel à l'au-delà qui, cette fois-ci, répond. Chez Tchekhov c'est Nina qui l'invoque, ici c'est un jeune garçon plus frêle encore que la fille venue de « l'autre rive ». Comme pour elle, la tâche semble lourde... et l'enfant chargé de convoquer le fantôme n'a plus l'exubérance de l'enfant africain. Investi d'une telle mission, soumis à l'ordre du spectacle, il a la raideur d'un être voué au sacrifice. Sacrifice du nô et de son art.

A côté des arbres et du feu, dans le silence de la montagne, la diction mécanique, scandée ne nous montre guère l'enfant « image de la vie qui coule », mais, bien au contraire, l'enfant contre-nature. Il apparaît comme domestiqué, apprivoisé, pareil aux pins dont on dirige les branches à l'aide de tiges rigides. Son corps est soumis aux codes de l'art. La colonne vertébrale est droite, les pas glissés avec attention, les mouvements précis. Dans la forêt d'Issehala cet enfant japonais m'en a rappelé un autre, que j'ai vu à Nancy, l'enfant espagnol qui, chaque année, à Noël, du haut de la chaire, fait résonner le chant sublime de la Sibylle. Ce n'est pas le poids du pouvoir qui pèse sur ces enfants — comme pour *Les Ménines* de Velasquez — mais le poids de l'art. Un art proche du religieux. L'insertion du corps d'enfant dans l'espace sacré inquiète, car il y a tension permanente entre sa fragilité et l'importance de la tâche dont il est chargé. A cet enfant on ne confie pas une mission subalterne comme à l'enfant de chœur. Il n'est pas à la périphérie du rituel. Il est au centre. Centre qu'il rend incertain. De là surgit la fascination. L'accident guette l'ordre de la cérémonie.

On reconnaît là le mot d'ordre qui régit le comportement japonais : il faut aller toujours au-delà de ses ressources ! Et pour y arriver la meilleure formule reste la mise en situation, le face-à-face vérificateur. Et quoi de plus éprouvant que de jouer dans le nô ou le kabuki à côté des maîtres réputés ? Ou d'animer les combats de sumo dont le plateau offre un contraste violent entre l'enfant qui crie pour aiguiser l'affrontement et les géants qui essaient de se mettre par terre.

Les enfants conduisent les combats des jeunes lutteurs et des vieillards les remplacent lorsque le tour des grands champions arrive (les adultes ne se trouvent jamais sur le plateau, mais toujours autour. Ils jugent le combat, ils ne l'animent pas). Dans le nô aussi on passe directement de l'enfant au vieux maître. Et ce couple enfant/vieil homme se retrouve souvent au Japon. Les extrémités de la vie. L'enfant soumis à la loi des signes et le vieil artiste, maître des signes. Entre les deux l'adulte qui traverse « l'empire des signes ». Il est en route... On sait d'où il est parti, on sait vers où il se dirige. L'âge adulte n'est qu'une transition, un passage.

Au Japon lorsqu'un acteur n'arrive pas encore à s'imposer, on le disculpe en précisant qu'il « n'est pas encore assez vieux ». Ici c'est à la fin qu'on s'accomplit. « *La noblesse de l'échec* », de la vieillesse, de la disparition. Et Tanaka Min, célèbre danseur de butô, habité par le rêve occidental de l'anonymat, avoue à son partenaire de discussion. « Si tu vis assez longtemps tu me verras disparaître. » Horizon japonais.

Au-delà de la mémoire : l'éphémère

Le Japon tout entier semble être le pays de l'enseignement et le théâtre en vit autant que des spectacles. On enseigne les danses de kabuki aux écoliers, tandis que des jeunes filles vont apprendre le buyô dans les studios de Katsuko Azuma. Et surtout des acteurs de nô monnaient fort cher leur savoir auprès des technocrates de haut rang ou des intellectuels ayant le goût du passé. Tout cela rappelle parfois une Vienne fin de siècle où s'initier à la musique pour en faire à la maison, entre amis, était de règle dans les milieux cultivés. Il ne s'agissait pas là, pas plus qu'à Tôkyô, d'envisager une carrière, de se consacrer à la scène, mais plutôt de s'exercer à l'art afin de devenir un amateur éclairé, un spectateur lettré. Dans les romans de Schnitzler on fait de la musique autant qu'on en parle, indistinctement : le faire et le dire s'épousent. Et cela finit par élargir « le cercle des connaisseurs » : l'éducation prépare pour le plaisir du spectacle. En formant, elle révèle à chacun ses limites — à l'un l'extension de la voix, à l'autre sa puissance — et par là rend conscient des exigences concrètes du plateau. On exerce un art seulement en privé, car on parvient à distinguer ce qui le distingue de l'accomplissement devant un public. L'éducation, à Vienne de même qu'à Tôkyô, dispense un savoir et censure un leurre. Elle prépare un spectateur qui sera tout aussi lucide à l'égard des artistes que de soi-même. L'éducation donc purge de l'illusion, en même temps qu'elle aiguise le pouvoir d'appréciation : il n'y a pas de juge plus sévère que l'amateur conscient de son manque. Le niveau de la musique à Vienne ou du théâtre à Tôkyô n'est pas étranger au culte de l'enseignement.

Rapprocher Vienne de Tôkyô autour de l'enseignement, c'est aussi rapprocher le théâtre japonais de l'opéra européen. Pour comprendre le nô ou le kabuki il faut s'inspirer plutôt des critères du bel canto à Milan ou à Naples. Là le corps doit s'affronter à un système normatif communiqué à travers le temps, et le spectateur averti peut apprécier la manière de transmettre un héritage et d'exprimer une identité, de s'investir dans un passé et d'affirmer un écart. A l'opéra comme dans un spectacle de nô, la tradition n'interdit pas l'expression individuelle, elle met seulement à l'épreuve son désir de se manifester. Le code n'évacue pas le *je*, mais le vérifie : sa force, son énergie, sa ténacité. Et, on doit le reconnaître, le *je* ainsi testé finit par déplacer légèrement le code et en apporter des transformations. Elles ne sont pas explosives, dévastatrices, elles ne sont pas romantiques. Là où il y a code et possibilité virtuelle d'ébranlement, c'est l'esthétique classique qui règne. Et elle réclame l'éducation aussi bien des créateurs que des spectateurs. Là où le changement est dans les nuances, il faut bien connaître la loi pour reconnaître la portée de la nouveauté minimale. Sans enseignement les arts classiques de la tradition ne peuvent constituer cette élite qui sait confronter leurs performances anciennes à l'expression vivante des corps d'aujourd'hui. L'enseignement sert à préserver une mémoire et, en même temps, à l'ériger en terme de comparaison pour l'art actuel.

« Trésor national vivant » — distinction orientale qui est décernée aux maîtres de grande valeur. L'expression amuse les Occidentaux qui n'y voient qu'une rhétorique de politique culturelle, pareille à celle pratiquée par les pays de l'Est qui introduisirent des titres tels que : artiste du mérite, d'une république, ou, reconnaissance suprême, du peuple lui-même. Mais si dans les pays de l'Est ces formules participaient d'une volonté de démocratisation caricaturée, au Japon l'expression « trésor national vivant » témoigne de la vocation profonde de son art. Là, un être peut valoir une bibliothèque et un corps les galeries d'un musée. « Trésor national vivant » veut dire, pour reprendre une distinction de Pierre Nora, non pas une fixation de l'histoire, mais une survivance de la mémoire, non pas la préservation inerte, mais la conservation active, non pas l'écrit, mais l'oral. Ici on n'enregistre pas, on retient, ici on ne stocke pas, on absorbe. Les archives accumulent, les êtres assimilent. Détenteur des arcanes d'un art, le maître est, pour paraphraser Nora, « un être de mémoire » chez qui la transmission du savoir a tout autant d'importance que l'expression. C'est pourquoi il enseigne.

La voie de la transmission n'est pas unique, mais double. Le maître dispense ses secrets les plus profonds à un seul disciple — un seul, le meilleur, suffit pour que l'héritage soit sauf — et divulgue son métier à des élèves. Entre eux il y a toute la différence qui distingue le testament de l'enseignement. Le disciple élu continue et développe l'art du maître, tout en se soumettant à l'examen des écoliers avisés. L'héritage élitaire et l'enseignement généralisé assurent ensemble le maintien d'un art.

Le maître qui choisit son légataire et qui en même

temps enseigne met en place sa succession autant que sa surveillance. Il démocratise le savoir et singularise son exercice. A partir d'une telle situation on peut déchiffrer le vœu énigmatique d'Antoine Vitez : « un théâtre élitaire pour tous ». Non pas un art du naturel, indistinctement ouvert au peuple, mais un art de la convention spécifique savouré par un public éduqué. Une maîtrise et un enseignement conjoints. Une individuation et un partage. Le « trésor national vivant » œuvre en effet à un « théâtre élitaire pour tous ».

Vivant, l'acteur japonais thésaurise le passé. Il s'en charge, mais s'il parvient au comble de son art, il saura ne pas subir le poids, bien au contraire, car, dit Zeami, « le nô commence lorsqu'on a tout oublié ». De même que le tir à l'arc. Ou l'art du sabre. Au-delà de la mémoire doit s'épanouir l'éphémère de l'acte. Ils restent inaccomplis l'un sans l'autre. La fleur de l'instant pour éclore oublie l'humus du passé, mais elle n'en a pas moins tiré de lui ses forces. La mémoire du nô fait donc de l'éphémère non pas sa négation, mais, au contraire, sa gloire. L'éphémère surgit au sommet de la mémoire, mais *ce qui passe* alimente ensuite *ce qui résiste*. Le nô, comme disait Zeami, scelle l'alliance du diamant et du cerisier, de ce qui perdure et de ce qui ne dure qu'un jour. « Coupe d'argent remplie de neige glacée. »

Le butô ou la subversion

Là où il s'agit d'une hypothèse théorique seule l'exemplarité légitime l'aveu, aveu qui enracine le propos. Avouons donc! A Tôkyô, il y a plusieurs années, au plan B, seuls quelques étrangers éparpillés venaient voir danser Tanaka Min, tandis qu'à Paris au musée des Arts décoratifs, en 1978, dans le cadre du Festival d'Automne, c'était une foule qui se précipitait aux portes. De même qu'au Festival de Nancy en 1980, pour découvrir Kazuo Ohno ou Sankai Juku, tous révélés par Jean Kalman. Puis, immédiatement invités dans la capitale, les danseurs du butô éclatèrent sur la scène occidentale et, de triomphe en triomphe, ils finirent, tel Sankai Juku, dans les salons de la Maison Blanche en représentation privée pour Nancy Reagan.

Qu'a-t-on vu dans le butô? Quelle attente a-t-il remplie? Qu'a-t-il mis au jour? Car comment expliquer la métamorphose de ce qui, il y a peu de temps encore, restait marginal au Japon et connaissait ici la consécration suprême? On peut y saisir, j'en suis certain, les traces d'une récupération nourrie de pulsions profondes. La fiction japonaise que l'Occident a fait émerger à partir du butô révèle un fort désir de projection : ce succès est un symptôme.

Au Japon, les grands maîtres fondateurs, Hijikata et Ohno, provoquèrent, au début, des scandales-éclairs, mais tout en exigeant pour le butô l'enfermement et la concentration. Celui-ci fait de l'isolement en cercle restreint sa vocation pour se cristalliser encore mieux en abcès d'un corps social ayant l'unanimisme pour vocation, corps social qui, lui, l'ignorera longtemps. Le succès du butô au Japon se limitera au cercle d'une société secrète, d'un pouvoir de conspiration, d'un art à part. Le butô se veut une pratique des marges et l'artiste s'assimile au *buraku-min*, l'être exclu, l'être impur, l'être du dehors : l'étranger de l'intérieur.

Le butô, à l'origine, par les sources même qui l'alimentent se dérobe aux références majoritaires japonaises : il fait ses maîtres des artistes occidentaux qui ébranlent l'édifice de la raison et se fient aux pouvoirs d'un corps inassouvi : Lautréamont et Nietzsche, Artaud et Bataille, le surréalisme et Klossowski. Par ailleurs il ne se revendique pas de la *Hochkultur* japonaise, mais bien au contraire de la culture paysanne et de ses pratiques élémentaires. Le danseur de butô, les genoux fléchis, collera au sol tels les travailleurs des rizières. Hijikata ne s'inspirera donc pas du nô et du gagaku, mais des danses agricoles, du cabaret et de la foire. De tout ce que le Japon, traditionnel et impérial, refoule.

Si, au Japon, outre le milieu des fervents, le butô dut s'affronter à la réserve, voire au rejet, il fit vite fureur en Occident. Il surgissait alors comme l'autre face, inattendue, ignorée, du Japon, le Japon animé d'un violent appétit d'autodestruction, le Japon de l'immaîtrisable, et nullement celui de l'ordre et de la loi qu'incarnent les formes traditionnelles reconnues. Sans échouer dans les motivations abusivement sociologiques, on peut dire qu'à l'heure du réveil japonais sur le marché mondial — réveil fondé sur l'homogénéité nationale et le groupisme — le butô apportait la preuve d'une image différente, chaotique, chthonienne, suicidaire. N'apaisait-il pas ainsi ce qu'on craignait trop du nouveau Grand ? Et le butô ne le montrait-il pas plus vulnérable, plus fissurable que les indices de la compétitivité internationale ne le laissaient croire ? Le butô ou la virtualité de la faille.

Dans la réussite occidentale du butô, à ce qu'il apporte de rassurant s'ajoute ce qu'il éveille comme culpabilité. Qu'il le reconnaisse ou non, il renvoie à la Bombe. Ces crânes rasés, ces bouches ouvertes, ces torsions, ces blessures, cette mousse pourrie qui infecte les corps — tout rappelle les fantasmes d'Hiroshima. Le spectateur de Paris ou New York reçoit en retour le spectre de la faute, de ce qu'on ne peut pas faire à l'Homme. « La danse des ténèbres » lui lance au visage l'incarnation même du désastre et, ainsi confronté, il touche avec effroi les plaies et, en applaudissant, réclame le pardon. Dans le danseur de butô l'Occident retrouve l'image actualisée du Christ.

Une troisième raison, culturelle, intervient aussi. Elle concerne la reconnaissance de soi dans l'autre. Le butô affirme tout à la fois la parenté et la différence avec l'Occident, et leur conjonction intrigue. Si les formes anciennes — le nô, le bunraku, même le kabuki — se dressent comme des inaltérables rocs du passé — le butô apparaît telle une expression jaillie du présent. Il ne s'appuie pas sur une grammaire gestuelle rigoureuse, communicable, il accorde le droit au cri originel, à la confession du groupe, à l'anéantissement de la norme, bref à tous ces interdits du pays de la tradition. Ce que l'Occident admire c'est autant un reflet de soi que la hardiesse des artistes en conflit avec l'héritage savamment conservé. On aime les haillons du butô en se rappelant la géométrie des costumes du kabuki, on se laisse emporter par la violence des spasmes en pensant à l'ordre secret qui régit les mouvements de l'acteur traditionnel, on est touché par l'eau, la terre et les saletés qui couvrent le plateau du butô en se souvenant de la scène glacée du nô où l'acteur se mire, on assiste à l'effort et à l'épuisement du danseur, tout en sachant que les acteurs de kabuki dissimulent la sueur sous le blanc du maquillage. Le butô affirme un désordre, une saleté, un labeur là où de coutume règnent l'ordre, la beauté, la sérénité. Il fait pénétrer sur la scène japonaise « la réalité de second ordre », celle du déchet humain et matériel, dont Kantor en Occident fut l'indéfectible partisan. Du butô se dégage la force d'une rébellion esthétique, rébellion ayant partiellement trouvé son amorce dans cette pensée périlleuse qui va de Sade à Bataille et que l'Occident lui-même a acceptée avec précaution. Le butô se place au croisement de deux refus :

celui de l'originalité en Orient et celui du corps en Occident. Entre eux il y a une réfraction réciproque. Une double perversion.

La faille, la culpabilité, la reconnaissance — voilà les trois termes qui fondent la fiction japonaise que l'Occident élabore à partir du butô. Néanmoins l'émergence d'un quatrième terme, tout aussi dynamique et imprécis que celui de la dialectique hégélienne, s'impose. Il renvoie à l'énergie des sources, car le butô se présente aussi comme une expression qui, par-delà la culture, rejoint la pulsion primitive des origines. En balayant « l'empire des signes » le butô laisse se déverser la lave sans code ni contrainte. Il s'agit de parvenir « à l'essence de la tradition sans pour autant en emprunter les formes », dit un commentateur. Et Tanaka Min fait presque sienne l'affirmation lorsqu'il avoue vouloir être « un danseur très traditionnel... » Le sens profond du mot « *avant-garde* » est « *très traditionnel* ». L'extrême-contemporain et l'extrême-ancien ne font qu'un. Ohno danse le nô de sa propre mémoire, Hijikata récupère la violence initiale, érotique, sauvage, du kabuki.

Le Japon possède une extraordinaire force de conservation et, aujourd'hui, ce qui au début tenait du particulier et du marginal, s'érige désormais en forme presque codifiée. C'est pourquoi l'Occident commence à s'en désintéresser; il perçoit dans le butô une stagnation formelle et une récurrence des thèmes qui le rendent prêt pour l'institutionnalisation orientale. Après l'ère de la perturbation, celle de la glaciation a commencé.

Les passés de Kazuo Ohno

On le sait, *la mémoire-habitude*, qui est à l'origine des réflexes moteurs, se constitue par la répétition, tandis que *la mémoire-souvenir* peut se fixer subitement, sans effort ni reprise par une seule révélation. Bergson distinguait ainsi entre les réflexes qui s'acquièrent à force de travail et les souvenirs qui vous travaillent.

J'ai vu Kazuo Ohno danser *Argentina* une seule fois. Et depuis rien n'a bougé dans le souvenir. Ni l'esplanade de La Défense, ni les amis qui m'accompagnaient, ni le coucher du soleil, ni le parking. Tout ressuscite comme un rocher que les eaux du temps entourent sans l'éroder pour autant. Et ainsi le spectacle d'Ohno, qui avait au cœur le souvenir définitif de l'éblouissante danseuse espagnole, devient à sontour souvenir définitif d'un spectateur ébloui. Vertigineux jeu d'abîme. *Argentina* engendre une véritable mémoire-gigogne. Kazuo Ohno continue encore à danser *Argentina* sans que personne y perçoive cette dépravation de l'être dont la répétition, selon Blanchot, est la source dans nos sociétés. Le souvenir d'Ohno est sauvegardé grâce à la chorégraphie qui l'anime à chacune de ses reprises. Elle fonde ainsi une *mémoire-habitude* ayant pour vocation de ressusciter la *mémoire-souvenir.* A l'origine, en se souvenant d'Argentina, Ohno a imaginé une danse, maintenant il danse pour se souvenir d'Argentina. Dans son spectacle celui qui appelle le fantôme et celui qui l'incarne ne font plus qu'un : le waki et le shite se confondent. Ohno pousse le nô à une extrême concision car il réduit son double foyer à un seul. Un corps unique aux prises avec le voyage entre ici et l'au-delà. Ohno fait d'*Argentina* un nô personnel.

La répétition ne détériore pas ce nô particulier, bien au contraire, elle affine son art. Ohno est parti de ce qui, en lui, a déjà résisté au temps car la chorégraphie fut créée par Hijikata presque trente ans après le choc premier : ensuite son passé, à force de reprises, s'objective. Ohno devient ainsi l'acteur qui ressuscite et le spectateur qui regarde un passé autrefois individuel, mais, qui, à force de reprises, s'objective. *Argentina* tient alors du rite autant que de ces « figures » qui peuplent l'univers de Genet.

L'Argentina que restitue Ohno m'a semblé comme apparentée à cette « Madame » que simulent les bonnes de Genet, Solange et Claire. La danseuse espagnole participe de la Figure de l'Autre, car à l'écart social se substitue l'écart culturel et Ohno, par sa citation, veut accéder à quelque chose qui lui échappe, à l'étranger. Il dresse une image archétypale, lavée « de la boue du réel », pour emprunter les termes de Genet : Argentina, indubitablement, fonctionne, pour lui, comme

Madame. Il se trouve sous l'emprise de ses robes, de ses gestes, sous la pression d'un ordre lointain : rêve et mémoire se confondent.

La rencontre avec Genet est encore plus profonde si l'on remarque que la reconstitution d'une pareille image fantasmatique n'a rien de régénérateur. La fusion avec un modèle qui semble échapper à la durée et à la dégradation, n'est qu'un faux salut. Si l'horizon de Solange c'est le bagne, celui d'Ohno est la déréalisation de la mémoire. Ohno clôt le spectacle non pas sur l'image régénératrice du corps enfin réunifié, crispé dans un ultime sursaut de réconciliation entre l'homme et l'image de jadis, mais sur l'aliénation d'une vedette happée par son appétit de succès. Le simulacre, pour lui, comme pour les bonnes, ce n'est pas l'accès à la vérité, mais une ascension fugitive et fulgurante au plan de la Beauté. « Apparaître, scintiller et mourir ». Ohno procède à la glorification de l'Image et du Reflet. En Oriental il se voue à la citation, mais en même temps il ose dire son néant. Ohno est le gardien d'une mémoire désenchantée.

J'ai vu danser Ohno une deuxième fois. Dans un appartement. Cette fois-ci il dansait le souvenir de sa mère. Mouvements petits. Balancements. Positions fœtales au ras du sol. Tout cela sur fond de fragilité, car l'artiste est vieux et son corps frêle. Là, l'impression fut plus faible car il ne s'agissait plus, comme pour *Argentina*, de l'intériorisation d'une figure extérieure, mais de la résurrection d'une mémoire entièrement personnelle. La mémoire cessait d'être épique pour devenir seulement lyrique. Le fantôme n'arrive plus du dehors, mais directement du dedans. Il provient d'une subjectivité désormais close sur elle-même qui trouve dans le souvenir de la mère son axe d'organisation, « son pieu » entre le passé et l'avenir comme le dit Ohno lui-même.

« Tu voudrais vivre en portant tous tes passés sur ton dos, mais un jour ils finiront par t'écraser. Un seul passé suffit », conseillait la mère à Ohno. Elle voulait le protéger des dangers de cette caverne aux mirages où néanmoins Ohno continue à séjourner en redansant en femme ses passés d'homme. Il est l'onnagata sublime de sa mémoire parfaite.

La conservation et la perte

Meyerhold vilipendait la mémoire de la scène occidentale qui a perverti le passé de la scène car, déplore-t-il, la préservation fut nulle et la détérioration intégrale. Il n'y a pas eu cette continuité du dialogue pareil à « un pont en dos d'âne », que l'Orient a su jeter entre les époques. Meyerhold n'est pas le premier à engager un tel procès — il fut peut-être le procureur le plus agressif! — car de Craig à Copeau et Dullin, d'Eisenstein à Brecht, et ensuite plus tard de Grotowski à Barba l'homme de théâtre européen déplora avec amertume les faiblesses mnémoniques de la scène occidentale et rendit hommage à la qualité de la mémoire asiatique. Sa capacité conservatrice fascina tout au long du siècle les grands metteurs en scène.

Les traités japonais, de Zeami ou Ayame, rendus publics seulement à notre époque confirment cette opinion généralisée. Pour le nô ou le kabuki, l'art de l'interprète, insistent-ils, ne se résume pas au jeu, mais aussi à la transmission correcte. Responsable du legs que les précurseurs lui ont confié, il s'inscrit dans une chaîne qu'à aucun prix il ne doit interrompre et si la filiation familiale régit le milieu théâtral c'est aussi pour que la communication du savoir archaïque s'accomplisse sans erreur, pour que, « rien ne se perde ». La scène orientale thésaurise son passé. Il constitue ce que Brook appelle « la grande tradition », qu'il a cherché à retrouver, opposée à la « petite tradition » dont la scène occidentale se présente en gardienne dépréciée.

Le désir d'un langage spécifique, autonome, opposé à l'illusion naturaliste a conduit les metteurs en scène vers cette quête d'une mémoire de la scène. En la localisant au Japon ou en Chine, ils ont rendu mythologique la scène orientale qui, ne se lassent-ils pas de répéter, n'oublie pas ce qu'elle a engendré et cet héritage échappe à la détérioration à laquelle le théâtre occidental semble soumis. L'éloge de l'Orient a partie liée avec les combats de l'Occident : il s'inscrit dans une stratégie.

La conviction de la mémoire orientale infaillible part en charpie lorsqu'on assiste à une répétition de kabuki. Il y a d'abord cet exercice, dont la seule justification n'est que financière, de présenter surtout des florilèges de plusieurs œuvres comme si à la Scala on ne chantait jamais le *Bal masqué* en entier et l'on mixait régulièrement des extraits de Verdi, Puccini et Donizetti. Ce qui en Occident tient du spectacle donné au bénéfice des sociétés humanitaires est de règle au Kabuki-za ! Cela, sans doute, met en valeur les acteurs, mais toujours au prix des auteurs : la performance l'emporte sur le récit, et le présent du corps sur le passé des mots. Mais fût-il joué dans sa totalité, le texte sera toujours traité comme un scénario de commedia dell'arte. Les interprètes en respectent la structure, mais prennent toutes les libertés à l'égard de la réalité concrète de l'œuvre. Et cela remonte aux origines, car Chikamatsu n'abandonna-t-il pas le kabuki au profit des marionnettes, exaspéré qu'il était en raison de la désinvolture des acteurs à l'égard des textes ? Pour l'interprète japonais la loi vient de la scène et jamais de la pièce. La première sera toujours respectée, la seconde toujours malmenée. Soucieux d'imposer un Orient mnémoniquement exemplaire les gens de théâtre en Occident ont manqué d'observer cette articulation entre pérennité scénique et démembrement textuel.

En voyant le soin que prenait le grand Ennosuke, pendant la répétition expéditive qu'il dirigeait, à l'exécution parfaite des katas et l'indifférence à l'égard du texte indistinctement ânonné, j'ai réalisé le renversement total du rapport cultivé par l'Occident entre perte et préservation. Au Japon, on défend depuis des siècles l'autorité que l'acteur exerce sur le texte. Ce qui lui incombe au premier chef concerne l'accomplissement correct des katas car pour l'interprète ce n'est pas le personnage, mais le kata qui est « son partenaire, son ombre ». En Europe la relation fut autre, inversée, et la perte se situa du côté de la scène tandis que la mémoire opéra admirablement du côté du texte. Ici les mots l'emportent sur les gestes. Et si les secrets de la Champmeslé que Racine adorait se sont évanouis, les chants de Bérénice restent intacts. L'Occident a conservé ce que le Japon a sacrifié. Leur complémentarité est absolue.

Tout théâtre au monde a choisi entre ce qui meurt et ce qui dure. L'idée de la conservation totale ne fut qu'un outil de combat inventé par des metteurs en scène en guerre contre une scène amnésique. Un artifice de pensée, rien de plus.

L'ombre de la gloire

L'acteur japonais n'acquiert jamais dans l'instant l'entière récompense de son art. Les applaudissements sont épars, les cris disparates... mais, on l'a dit, il y a le nom. C'est lui qui cristallise la passion que le théâtre engendre au Japon. L'acteur par son art rehausse le prestige d'un nom ou, au contraire, le rabaisse car en quittant le plateau sans y revenir il passe désormais dans l'empire du nom.

A Hiroshima j'ai vu ce que je savais déjà — la bombe a laissé des ombres, les ombres des gens qui à 8 h 45' le 6 août 1945 attendaient sur les marches d'une banque — mais au musée de l'université de Waseda j'ai vu ce que j'ignorais. Le théâtre dessine, lui aussi, des ombres. Là, sur un kakejiku, on découvre, scellées pour toujours, les traces de l'éphémère : quelques acteurs célèbres, selon une coutume ancienne, ont accepté de poser leur visage maquillé sur le papier vierge. Ils inscrivent ainsi l'empreinte de ces êtres qui se sont confrontés à l'invisible et qui avant de regagner le monde fixent les marques de leur voyage. C'est l'empreinte du retour. Une empreinte floue comme une ombre. L'ombre d'un passage. Et en même temps l'ombre d'une disparition[1]. Non pas d'un être vivant comme à Hiroshima, mais d'un être imaginaire avant que l'acteur ne s'en sépare. Néanmoins les deux ombres ne sont pas étrangères l'une à l'autre : elles témoignent de ce qui reste là où l'éphémère règne, la vie et le théâtre. L'ombre est l'ultime trace avant l'effacement. La bombe et le théâtre. Mais si à

1. On raconte que dans l'argile des statues consacrées au portrait d'un moine défunt on mélangeait ses cendres afin de mieux préserver son image. La problématique du reste se rattache toujours à celle de la mémoire.

Hiroshima l'ombre fixe l'anéantissement, à Waseda l'ombre dit aussi bien l'extinction d'un personnage, que la gloire d'un acteur. De l'acteur qui après avoir joué dépose son visage sur le papier du kakejiku avant d'essuyer la peinture qui le décore. L'ombre d'Hiroshima — l'ombre de Waseda : les dernières marques d'avant le néant. La mémoire d'une ombre... La mémoire de l'ombre...

Le masque blessé

Par maladresse, j'ai blessé un masque de femme. Depuis, la cicatrice légère reste là, définitive, début de l'alliance qui me lie à cette princesse lointaine. L'entaille où sombre la perfection de la beauté féminine donne à la figure une troublante humanité et l'accident procure à ce qui n'était que modèle impersonnel, une identité. Le masque blessé est unique, être accouché par la manipulation d'une main inexperte.

Le masque de femme dont « l'expression est infinie », comme dit un poète japonais, regarde au loin. Ce regard qui va le plus loin de soi, regard qui semble avoir comme terme la ligne d'horizon, frontière où le pouvoir des yeux s'épuise et où le masque seul peut pénétrer. Ce regard n'a rien d'explorateur ; il est indifférent. Un trait ininterrompu semble relier les yeux du masque blessé à cette contrée imaginaire vers laquelle ils semblent à jamais se diriger. Mais, on le sait, lorsque le regard se détourne du monde c'est pour mieux se retourner vers le dedans. Ce qui apparaît comme distraction face au dehors n'est que concentration sur le paysage intérieur immobile et certain.

Pour le masque je n'existe que grâce à la blessure car autrement il m'ignore. Il refuse cette communication qu'entretient le masque de la commedia dell'arte avec celui qui le regarde de près : celui-ci est toujours humain. Le masque occidental est un partenaire, le masque oriental un guide.

La bouche entrouverte, le masque de femme veut-il parler ou, plutôt, se taire pour mieux se replier sur soi-même ? Si le regard témoigne d'une décision, la bouche, elle, reste indécise. Et ainsi dans ce qui semble être sculpté pour l'éternité, une ligne d'ombre se dessine. Sur quel silence se ferme-t-elle ? Quel mot va pouvoir la franchir ? Quel murmure expirer ? La vie du masque naît du contraste entre le regard retourné vers le monde du dedans et la bouche qui semble vouloir communiquer aux autres les retombées de ce voyage intérieur. Qui peut entendre les aveux du masque ?

Les phrases-cadeaux

Au Japon on aime offrir des phrases. Cadeaux sans matière qui se déposent en soi-même. Cadeaux dont on ne se sépare pas, cadeaux qui évoquent des êtres et rappellent une pensée. Cadeaux qui ne vous survivent pas. Cadeaux qu'on emporte à jamais avec soi. Cadeaux qui échappent aux lois de l'échange : on ne peut que les recevoir, les laisser mûrir et les ramener au jour parfois.

La phrase-cadeau n'est pas une sagesse, et, incomplète, elle reste solidaire aussi bien de l'instant où vous l'avez reçue que de celui qui vous l'a offerte. Ensemble ils constituent une séquence de mémoire qui incorpore tout : le sens de la phrase est fort, certes, mais il peut s'épanouir seulement accompagné des autres souvenirs. Il sert plus à la mémoire qu'à la raison ou au savoir. Pour cela la phrase-cadeau ne peut être citée, car les autres n'y voient que du sens là où celui qui l'a reçue voit un visage, entend une voix, ressuscite un paysage. La phrase-cadeau fait partie de ces dons immatériaux dont rêvait un personnage de Mishima dans *Le Pavillon d'or :* dons qui n'occupent pas l'espace, mais investissent la mémoire. Échos de vie fixés dans des mots à l'allure impersonnelle : « le théâtre kantien c'est le nô », « l'acteur regarde, le masque voit », « au nô, j'aime y penser, le kabuki j'aime le voir »... L'objectivité du propos se colore de la subjectivité du souvenir et ainsi la phrase-cadeau devient une empreinte de l'autre sur soi. L'empreinte d'un être. Son ombre littéraire.

La dédicace

Au Japon je n'ai lu que des livres dédicacés. A une femme. A un ami. J'aime ces dédicaces, car elles relativisent brusquement l'écrit le plus savant. Au-delà de l'œuvre, de son talent ou de son érudition, se profile un être secret, anonyme, important et le livre tout entier semble à peine pouvoir honorer cette présence qui reste étrangère au lecteur. Elle déstabilise l'autorité de l'écrivain qui avoue que quelqu'un surplombe son travail. Par la dédicace on désigne aussi un récipiendaire de choix. Premier et meilleur lecteur. Sans prendre ces lignes pour une œuvre — tant s'en faut — j'aimerais les dédier à *Y*. Cette initiale me rappelle deux amis... Les jardins et les spectacles ne valent rien si on ne peut leur ajouter la mémoire des êtres.

POSTFACE

Le théâtre traditionnel japonais : le nô et le kyôgen, le bunraku, le kabuki

Cette brève présentation des genres traditionnels encore actuellement pratiqués sur les scènes japonaises ne prétend pas offrir une histoire générale du théâtre de ce pays, mais donner simplement quelques repères historiques et techniques qui devraient permettre au lecteur de mieux apprécier les beaux textes que George Banu consacre à ces spectacles.

Les formes qui constituent l'essentiel du théâtre traditionnel, ou « classique », japonais, sont d'une part le nô et le *kyôgen*, qu'on ne peut d'ailleurs séparer dans la mesure où le second se joue normalement dans le cadre du premier, le kabuki et le théâtre de marionnettes, aujourd'hui appelé *bunraku*, de l'autre. Ce sont ces formes dont nous allons esquisser l'histoire, en les abordant dans l'ordre chronologique.

LE NÔ

Repères historiques

Sous la forme que nous lui connaissons aujourd'hui, le nô, ou *nôgaku*, a commencé à se mettre en place dans la seconde moitié du XIVe siècle, au cours de l'époque dite de Muromachi [1336-1573]. Loin de surgir du néant, il figure l'aboutissement syncrétique de divers genres de spectacle — danses, pantomimes et farces, démonstrations d'acrobates, de jongleurs ou de montreurs d'animaux, etc. — qui florissaient alors. Ces spectacles s'étaient développés au cours des siècles précédents, incorporant aux éléments indigènes les influences de la Chine des Tang : les danses bouddhiques du *gigaku*, la musique et les danses de cour, *bugaku* et *gagaku*, et, sous le nom de *sangaku*, les divertissements populaires, de type forain, originaires d'Asie centrale.

Dans la première partie du XIVe siècle, des divers genres qui coexistent, on retiendra essentiellement le *dengaku no nô* et le *sarugaku no nô*. Le premier règne à Nara et à Kyôto, où, par sa grâce poétique et l'élégance de ses chorégraphies, il s'est attiré les faveurs de la cour. Le second est divisé en deux tendances, l'une, qui prévaut dans la région de Ômi, se rapproche du *dengaku* par son élégance raffinée alors que sa rivale, celle du Yamato, travaille dans des perspectives plus réalistes avec une trivialité, voire une violence, encore proche du monde rural et de la vie populaire.

C'est ce *sarugaku* du Yamato, encore fruste mais dynamique et ambitieux, qui, en se transformant, finira par s'imposer, donnant naissance au nô que nous connaissons. Pour cela, il faudra la combinaison de plusieurs facteurs : d'abord la présence à la tête de l'une des troupes, d'un homme de grand talent, Kan.ami [1333-1384], un esprit ouvert, lucide, qui n'hésite pas à reconnaître les qualités des genres rivaux, et ne cesse d'expérimenter pour incorporer dans son art ce qu'ils offrent de meilleur. Il s'emploie ainsi non seulement à tempérer le rude réalisme des mimiques [*mono-mane*] du *sarugaku* aux charmes plus subtils [*yûgen*] du *dengaku*, mais aussi à renforcer le dynamisme de ses spectacles en y intégrant des éléments des chants et danses les plus en vogue à son époque, tirant surtout parti du *kusemai*, avec son chant rythmé par le tambourin.

Cependant, l'entreprise eût difficilement réussi sans de solides appuis et, grâce à ce qui fut somme toute un heureux concours de circonstances, c'est auprès du shogun lui-même, Ashikaga Yoshimitsu, que Kan.ami allait les trouver. En effet, en 1374, le jeune seigneur avait assisté, sur les recommandations d'un de ses conseillers, et un peu contre les habitudes de son entourage, à un spectacle de *sarugaku* donné dans la capitale. Séduit par le jeu de Kan.ami, et le charme de son fils, le futur Zeami

[1363-1443], le shogun les fit venir à la cour, et prit la troupe sous sa protection. Sous ce haut patronage, Kan.ami et Zeami furent en contact direct avec une cour extrêmement raffinée, éprise d'art et de poésie, y trouvant un public de connaisseurs dont les exigences et les encouragements ne pouvaient que stimuler leur entreprise.

Sous le règne de Yoshimitsu et, quoique dans une moindre mesure, de ses deux premiers successeurs, Zeami jouit d'une position quasi officielle, et sa troupe, le Kanze-za, domine toutes ses rivales. Ces conditions favorables lui permettent d'approfondir son art sur tous les plans : celui de la réflexion théorique avec la rédaction des traités (aujourd'hui accessibles en traduction) qui établissent la « tradition secrète du nô », celui de la composition dramatique avec l'écriture de nombreux livrets, nouveaux ou adaptés, celui de la scène enfin, la faveur dont il jouit lui permettant de se produire souvent, et de soumettre son travail théorique au feu des pratiques concrètes.

Pourtant, après plus d'un demi-siècle de protection shogunale, la fortune de Zeami va soudain basculer : en 1429, le troisième successeur de Yoshimitsu, Yoshinori, lui interdit l'accès à la cour, et, quelques années plus tard, finit par exiler, pour trois ans, le vieil acteur sur la lointaine île de Sado. C'est directement Zeami et les siens, et non pas le nô, en tant que tel, que visent ces mesures répressives, car le nouveau shogun va continuer à protéger cette forme d'expression théâtrale. Davantage qu'à une remise en cause des options scénographiques et dramaturgiques fondamentales, on assiste là à une querelle de famille, Yoshinori accordant son soutien, probablement sur un arrière-plan d'intrigues politiques, au neveu de Zeami, On.ami Motoshige [1398-1467], au style, il est vrai, plus flamboyant et enlevé que celui préconisé par son oncle.

Le fils de Zeami, Motomasa, en qui l'acteur avait d'abord placé tous ses espoirs, étant mort jeune, ce furent d'une part ce Motoshige, et de l'autre le gendre de Zeami, Konparu Zenchiku [1405-1470], qui, à la tête de leur troupe respective, assurèrent l'avenir du nô, développant et raffinant les enseignements du maître. Avec la mise en place du régime des Tokugawa, à l'aube du XVIIe siècle, le nô achève son ascension sociale : les liens qu'il gardait encore avec ses origines populaires désormais atrophiés, il devient un spectacle réservé à la classe des guerriers, assuré par des troupes dépendant directement des grands seigneurs féodaux. Cette prise en charge du nô eut deux conséquences majeures pour son avenir : une emphase sur le formalisme, un glissement vers cette lenteur digne, cérémoniale, vers ces aspects qui aujourd'hui semblent le caractériser, mais qui ne dominaient certainement pas les productions de Zeami qui se jouaient sur un rythme bien plus élevé. D'autre part, désormais enfermé, à quelques exceptions près, dans les cours et les châteaux, le dos tourné à l'évolution de la société, le nô se coupa de son public populaire. Tenu à l'écart de ces milieux urbains qui, au cours de l'époque des

LA SCÈNE DE NÔ

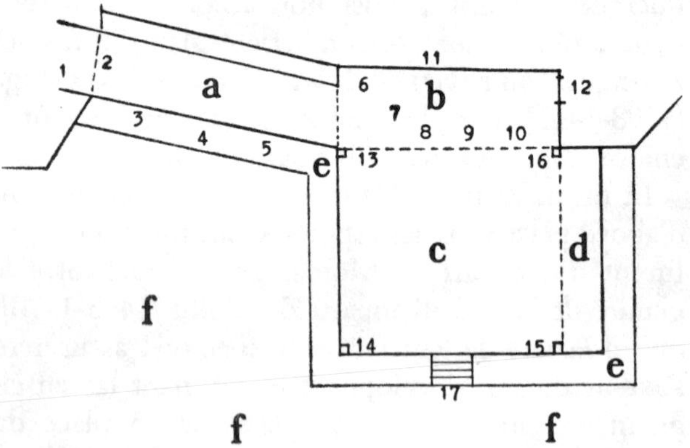

a. hashigakari

1. kagami-no-ma/coulisses 2. agemaku/entrée des acteurs
3. san-no-matsu/troisième pin 4. ni-no-matsu/deuxième pin
5. ichi-no-matsu/premier pin

b. ato-za

6. kôken-za/place des assistants 7. taiko/tambour plat
8. ôzutsumi/grand tambour à main 9. kozutsumi/petit tambour à main
10. fue/flûte 11. kagami-ita/cloison décorée d'un pin majestueux
12. kiridoguchi/porte basse

c. hon-butai

13. shite-bashira/pilier du *shite* 14. metsuke-bashira/pilier-repère
15. waki-bashira/pilier du *waki* 16. fue-bashira/pilier de la flûte
17. kizahashi/escaliers

d. ji-utai-za [chœur]

e. lit de gravier

f. audience

Tokugawa [1603-1867] allaient connaître un essor si spectaculaire, le nô perdit définitivement cet ancrage dans le concret qui avait été l'un des points de départ de l'approche de Kan.ami et de Zeami.

Après l'écroulement du régime des Tokugawa, la fortune du nô se retrouve brusquement mise en question, et il s'en faut de peu qu'il ne disparaisse dans la tempête modernisante qui souffle sur le Japon au cours de l'époque Meiji [1868-1912]. Avec la chute de ses protecteurs, il se retrouve littéralement à la rue, sans théâtre, sans revenus; pire encore, sans public! Fort heureusement, grâce aux efforts d'un acteur, Umewaka Minoru, le nô finit par trouver de nouveaux mécènes, en particulier auprès de la cour impériale, bénéficiant également de l'accueil favorable qu'il rencontre auprès des visiteurs étrangers de marque, puis des intellectuels occidentaux qui, avec les travaux de Fenollosa, de Noël Péri, et de bien d'autres, en chantent haut et fort les louanges. Reconnu ainsi rapidement comme une grande forme « classique », échappant à la fois aux pressions des modernisateurs à tout crin, et dans une certaine mesure aux impératifs commerciaux, le nô parvint à survivre à peu près intact, et, la parenthèse de la guerre refermée, à s'installer dans la formule qui est aujourd'hui la sienne, celle d'un art traditionnel soigneusement préservé, plutôt prospère encore que ses revenus proviennent davantage de son réseau d'écoles d'art d'agrément où des centaines de milliers d'amateurs étudient, à prix fort, qui la danse [*shimai*], qui le chant [*utai*], que de ses spectacles proprement dits.

La scène

La scène de nô, originellement dressée en plein air, a été transposée telle quelle, en conservant donc sa toiture, reposant sur quatre piliers, à l'intérieur des nouvelles salles. Outre d'évidentes raisons esthétiques, le maintien de cette structure repose aussi sur une nécessité technique, les piliers servant d'indispensables repères spaciaux à l'acteur qui, sous son masque, n'a qu'une vision partielle de la scène. Le plateau lui-même [*hon-butai*] consiste en un carré d'environ six mètres de côté, complété côté cour par une bande d'un peu plus d'un mètre de large où prend place le chœur [*ji-utai-za*], et au lointain, par un espace de quelque deux mètres et demi de profondeur [*ato-za*] réservé aux musiciens. Une sorte de passerelle [*hashigakari*] court le long du lointain, menant sur une dizaine de mètres du rideau de l'entrée des acteurs [*agemaku*], située au jardin, au plateau même. Également recouvert d'un toit, muni d'une balustrade côté public, ce pont est marqué de trois petits pins, plantés à intervalle régulier, qui procurent au *shite* les repères visuels indispensables à son jeu. L'ensemble du dispositif scénique est surélevé, d'un peu moins d'un mètre, et de grandes jarres sont placées en divers points stratégiques sous le plateau, faisant office de caisses de résonance. Disposé à même le sol de la salle, un lit de gravier souligne le contour de l'espace scénique, alors qu'un escalier, qui n'est plus guère utilisé, descend du plateau vers les places d'honneur. Le nô n'utilise pas de décors, et les panneaux du fond, avec leurs motifs de plantes de bon augure : vieux pin noueux, bambous ou rameaux de prunier, sont des éléments permanents de la salle. Ce dépouillement est pourtant tempéré par le recours à des accessoires rares mais judicieusement choisis, qui, dans certaines pièces, jouent un rôle capital dans la scénographie.

La représentation

Le spectateur, aujourd'hui installé dans des fauteuils orientés de façon à permettre une vision générale de l'espace scénique, se trouve donc devant ce dispositif, construit en bois naturel, vide et entièrement visible. Vêtus de costumes de l'époque des Tokugawa, les musiciens entrent les premiers, et après avoir emprunté la passerelle, s'installent dans l'espace qui leur est réservé. Cet « orchestre » est composé d'une flûte traversière [*fue*], de deux tambours en forme de sablier, un grand [*ôzutsumi*] et un petit [*kozutsumi*], et d'un tambour plat [*taiko*] posé sur un chevalet et qui, contrairement aux deux autres, se joue avec des baguettes. C'est alors au tour du chœur de venir s'installer. Vêtus du même type de costume, les acteurs qui le composent, généralement huit, entrent directement par une petite porte [*kiridoguchi*] aménagée côté cour et vont s'asseoir au lieu prévu à cet effet.

La pièce proprement dite, souvent précédée de danses, peut alors commencer, et c'est un personnage secondaire, le *waki* [lit. « celui du côté »], qui s'avance le premier sur la passerelle. Visage découvert, ayant revêtu une tenue plutôt terne, c'est presque toujours un moine, parfois accompagné d'un ou de plusieurs suivants [*tsure*], en cours de pèlerinage. Après s'être présenté et avoir expliqué le but de son périple, il laisse le chœur reprendre cette thématique du voyage. Cette introduction achevée, le véritable personnage du drame, le *shite* [lit. « celui qui fait »], le plus souvent masqué, apparaît sous sa première forme [c'est le *mae-jite*], parfois accompagné de suivants, et entre dans un jeu de « question-réponse » [*mondo*] avec le *waki*. Les informations nécessaires à la mise en place du drame étant données, le *shite* représente par sa danse [*kuse*] un événement ancien, généralement lié au lieu, puis quitte momentanément la scène avant de revenir sous la forme du personnage évoqué précédemment [*nochi-jite*]. Alors que le *shite* revêt son nouveau costume, un interlude comique prend place, le *ai-kyôgen*, au cours duquel un personnage local commente sur un mode parodique, et dans une langue populaire et vigoureuse, les faits mentionnés dans la première partie. Le *shite* revient alors, sous de nouvelles couleurs, pour une longue danse correspondant à son véritable état : divinité révélée, il danse pour assurer les habitants de sa protection; réincarnation spectrale ou démon démasqué, il revit en une chorégraphie soutenue, traversée de violences intenses, les temps forts de son ancienne existence, le combat qui lui coûta la vie ou la perte de son bien-aimé, alors que le moine tente d'apaiser par ses prières les souffrances de son âme tourmentée, ou de l'exorciser.

Ce schéma s'articule, on l'aura remarqué, sur un mouvement en cinq temps, le *jô-ha-kyû*, où le terme central est lui-même subdivisé en trois parties. Soit un prélude [*jô*] avec la présentation du *waki*, un développement [*ha*] comprenant dans l'ordre le dialogue du *waki* et du *shite*, la danse de ce dernier, puis son retour après sa réincarnation, et un final [*kyû*]. Les pièces elles-mêmes, comme nous allons le voir, sont classées en fonction de ces considérations rythmiques, et la fameuse « journée de nô » se déroule selon le même principe, commençant, parfois après une danse rituelle, avec une pièce de type *jô* et se concluant par une de type *kyû*, des intermèdes comiques [*kyôgen*] venant s'intercaler entre les nô. C'est du moins là la structure mise en place par Zeami, mais la fébrilité de la vie moderne ne favorise pas son maintien, et, sauf exception, les spectacles auxquels on peut assister de nos jours ne présentent que deux ou trois pièces, parfois même se contentant d'une seule.

Les masques

Taillés dans le bois, ces masques [*men*] peuvent être classés en huit catégories selon le type de personnages qu'ils recouvrent : *Okina-men* [vieillard sacré] ; *Jinki-men* [être surnaturel], *Jô-men* [vieillard] ; *Otoko-men* [homme] ; *chigo-men* [garçon], *Onna-men* [femme] ; *Uba-men* [vieille femme], le dernier groupe étant celui des masques réservés à un personnage spécifique, et non à un emploi.

Le répertoire

Mis à part la danse d'Okina, une invocation rituelle qui ne peut qu'ouvrir le spectacle, les drames de nô sont donc classés en cinq catégories, soit, dans l'ordre *jô-ha-kyû :*

JÔ. Les pièces de dieux [*kami-mono*] : elles mettent en scène une divinité qui, apparue sous forme humaine dans la première partie, reprend son véritable aspect dans la seconde afin de danser pour la prospérité du pays.

HA (*premier mouvement*). Les pièces de guerriers [*shura-mono*] : tirées d'épisodes des grandes chroniques guerrières, surtout du *Heike monogatari* et du *Genpei monogatari*, présentent des guerriers morts au combat, condamnés à se battre sans trêve dans le monde bouddhique des *asura*, et qui, après avoir revécu leur fin violente, sont apaisés par les prières du moine.

HA (*deuxième mouvement*). Les pièces de femmes [*onna-mono*] : les héroïnes, généralement empruntées aux récits classiques de l'époque de Heian, comme le *Genji monogatari* ou le *Ise monogatari*, retrouvent leur beauté, leur jeunesse, pour évoquer avec lyrisme leurs anciennes amours.

HA (*troisième mouvement*). Les pièces du « monde réel » [*Genzai-mono*] : elles comprennent plusieurs sous-groupes, au point qu'on les appelle aussi « pièces diverses » [*Zatsu-mono*]. Leur dénominateur commun est que le héros n'est pas un spectre, une divinité, ou un esprit, bienveillant ou malfaisant, conjuré par le *waki*, mais une créature du monde réel, ce qui d'ailleurs n'exclut pas les fantômes ! De caractère plus réaliste, ces pièces peuvent recourir à une distribution relativement large, et se jouent souvent à visage découvert (sauf pour les rôles féminins). C'est dans cette catégorie que s'inscrivent les drames de la déraison [*kyôran-mono*], avec ses héroïnes devenues folles sous l'empire de la douleur ou de la passion.

KYÛ. Les pièces finales [*kiri-mono*] : centrées sur une figure dynamique, voire violente — démons, dieu-dragon, etc. —, qui permet de terminer le programme par une danse animée et particulièrement spectaculaire.

Bien que plusieurs milliers de pièces aient été composées au cours des siècles, le répertoire des cinq écoles de nô aujourd'hui en activité n'en comprend que quelque deux cent cinquante, dont près de la moitié attribuées à Zeami.

LE KYÔGEN

Il faut distinguer les *ai-kyôgen*, qui s'inscrivent directement dans la trame du nô (où pendant le changement de costume du *shite*, un acteur de *kyôgen* rappelle sur un mode plus léger et trivial ce qui vient d'être joué si solennellement), des farces jouées entre les nô, apportant au spectateur un moment de détente, de rire bon enfant et sans prétention. Partiellement improvisé sur quelques canevas de base, ces « vrais » *kyôgen* [*hon-kyôgen*] commencèrent à être conservés par écrit sous les Tokugawa, mais les écoles respectives les gardaient à l'abri des regards indiscrets, contrairement aux livrets de nô qui, imprimés, étaient assez largement diffusés. Le répertoire actuellement maintenu par les grandes écoles varie entre deux cents et deux cent cinquante pièces, d'auteurs pour l'essentiel anonymes.

Il existe divers systèmes de classification, selon le genre d'humour, le statut des personnages, le nombre de ces derniers, etc. Comique de situation, humour langagier, *slapstick*, le *kyôgen* recourt à tous les ressorts du comique, mais il reste d'abord un divertissement dansé et chanté, encore assez loin de la comédie de mœurs, même s'il contient une part de satire sociale manifeste avec sa galerie de portraits : moines indignes, hobereaux de province, marchands enrichis, belles-mères, époux volages ou femmes acariâtres, et les manigances de Tarôkaja et Jirôkaja, ses valets, roués ou naïfs.

Caractères empruntés à la réalité, la plupart de ceux du *kyôgen* se jouent à visage découvert, mais pour les héroïnes, comme Ono no Komachi [poète célèbre du milieu du IXᵉ siècle], les animaux ou les apparitions divines, démoniaques ou spectrales, les acteurs revêtent des masques aux traits caricaturaux.

LE BUNRAKU

Repères historiques

Ce théâtre de marionnettes, strictement dit *ningyô-jôruri*, est connu aujourd'hui sous le nom de *bunraku*, d'après le Bunraku-za, pratiquement le seul théâtre professionnel en activité au cours de l'époque moderne [de 1872 à l'ouverture du Théâtre national du Bunraku, en 1984]. Comme l'indique son nom, il s'agit d'un spectacle associant l'art des marionnettes [*ningyô*] à celui du récitatif [*jôruri*]. L'utilisation de poupées, ou de marionnettes, remonte à fort loin dans l'histoire des arts du spectacle au Japon, en particulier aux groupes venus du continent au cours du VIIe siècle, dont les descendants constituèrent des troupes ambulantes qui répandirent leur art au travers de tout le pays.

Par ailleurs, les conteurs avaient popularisé un style de récitatif accompagné d'une sorte de luth, le *biwa*, contant ainsi les légendes populaires, les textes bouddhiques, puis les récits épiques des grandes batailles qui avaient marqué la fin de l'époque de Heian. Le terme *jôruri* renvoie directement à une romance hautement appréciée à l'époque, [*Jôruri-hime monogatari*], qui conte les amours de la belle princesse Jôruri (en qui s'est incarnée momentanément une divinité du panthéon bouddhique) et du vaillant Yoshitsune, le héros emblématique de la chevalerie japonaise.

Bien que les montreurs de poupées aient puisé dans le même répertoire pour donner un contenu dramatique à leurs performances, il faudra l'arrivée d'un troisième élément, le *shamisen*, pour que naisse le genre qui allait aboutir au théâtre de poupées qui nous est parvenu. Originaire d'Okinawa, cet instrument à trois cordes est introduit au Japon dans la seconde moitié du XVIe siècle et, plus léger et maniable que le *biwa*, conquiert rapidement tant les conteurs professionnels que leurs audiences. Quelques décennies plus tard, la conjonction se fait : unissant leurs forces, conteurs de jôruri, joueurs de *shamisen* et marionnettistes ouvrent des salles, lançant un genre nouveau, le *ningyô-jôruri*.

Ce spectacle n'atteindra pourtant sa perfection que plus tard, au cours de l'ère Genroku [1688-1703], avec l'heureuse collaboration d'un grand chanteur, Takemoto Gidayû [1651-1714], et d'un dramaturge de génie, Chikamatsu Monzaemon [1653-1724]. Un peu plus tard, c'est au tour d'un marionnettiste, Yoshida Bunzaburô [?-1760], d'apporter sa contribution, révolutionnant les techniques de cet art ancestral en attribuant aux poupées trois manipulateurs, ce qui leur confère un jeu d'une souplesse et d'une sophistication sans rivales. Avec sa technique raffinée, ses nouvelles mélodies et un répertoire de haute tenue, le *bunraku* connaît un âge d'or qui ne sera pourtant que de courte durée. Dès la seconde moitié du XVIIIe siècle, ses salles commencent à rencontrer des difficultés, et ferment les unes après les autres devant un kabuki qui triomphe d'autant mieux que ses grandes vedettes reprennent à leur compte ses livrets. Dès lors, le genre va survivre difficilement, pratiquement sans création (malgré quelques tentatives éparses et peu convaincantes après-guerre), avant d'être transformé en un superbe objet culturel.

Les poupées

Ce sont des marionnettes à manche, d'une taille d'environ la moitié de celle d'un être humain, manipulées par trois personnes : le maître qui, de sa main gauche, en supporte le poids et contrôle les mouvements de la tête, les jeux de physionomie [les yeux, les sourcils, les lèvres, parfois le nez, sont mobiles], alors qu'il en manipule le bras droit [avec main et doigts articulés] de sa propre main droite. Son premier assistant est chargé du bras gauche de la poupée, alors que le second est responsable des mouvements des jambes, ou de l'illusion de leur présence pour les figures féminines qui en sont dépourvues. Seuls les personnages principaux bénéficient de tels raffinements, les autres, visage immobile, se contentant d'un mécanisme plus simple qu'une seule personne suffit à manipuler. Les montreurs sont vêtus de noir, la tête recouverte d'une cagoule, encore que les maîtres se produisent souvent à visage découvert, en particulier dans les pièces « historiques ».

La scène

Le spectateur est séparé de l'espace de jeu par une longue balustrade basse, puis par une seconde, à environ 90 cm du sol derrière laquelle travaillent les manipulateurs, dont seul le haut du corps est visible. A la cour, le récitant [c'est le *tayû*, un maître du style narratif créé par Takemoto Gidayû, le *gidayû-bushi*] est installé sur une sorte d'estrade basse, un pupitre devant lui sur lequel repose le livret, le(s) jou-eur(s) de *shamisen* à sa gauche. Le texte repose entièrement sur la performance du *tayû* qui en assure le récitatif proprement dit, mais également tous les dialogues [*serifu*], adaptant sa voix, ses intonations, ses jeux de physionomie aussi, aux caractères des personnages. L'engagement du narrateur est intense, aussi plusieurs maîtres se relayent-ils au long de la performance. Les manipulateurs n'interviennent, quant à eux, que par les mouvements qu'ils transmettent à leurs poupées ; non seulement muets, ils se doivent (lorsqu'ils se produisent à visage découvert) de garder un visage impassible, quelles que soient les passions qui déchirent leurs personnages.

Le répertoire

La division fondamentale, que nous retrouverons au kabuki, est entre les pièces « historiques » [*jidai-mono*] et les « drames bourgeois » [*sewa-mono*], que Chikamatsu créa directement pour les marionnettes. Les grands auteurs sont peu nombreux, et l'essentiel du répertoire sort du pinceau de Chikamatsu Monzaemon, puis de ses successeurs immédiats, Takeda Izumo [1691-1756], Namiki Sôsuke [1695-1751], se refermant pratiquement sur l'œuvre de Chikamatsu Hanji [1725-1783], le dernier auteur notable travaillant directement pour *bunraku*.

LE KABUKI

Repères historiques

Bien que la tradition le fasse naître des spectacles qu'une danseuse, O. Kuni, donne avec sa troupe itinérante à Kyôto en 1603, ce kabuki première manière, loin de surgir du néant, se fonde en grande partie sur l'utilisation de danses et de mélodies dont la popularité était déjà solidement établie, qu'il entrecoupe de sketches comiques ou licencieux. O. Kuni joue de ses charmes, se travestit en homme faisant son choix parmi les pensionnaires d'une maison de thé, évoque le fantôme d'un célèbre bretteur disparu dans une rixe, s'exhibe aussi dans les parures les plus exotiques, pantalon bouffant à la portugaise ou croix sur la poitrine. Ce n'est donc pas un hasard si ce nouveau divertissement est nommé d'après un verbe désignant précisément les comportements extravagants des jeunes gens à la mode. La graphie actuelle, avec ses caractères chinois si pertinents [chant-danse-technique] n'imposera que tardivement une noble étymologie édifiée *a posteriori*.

Les spectacles proposés par O. Kuni et ses émules connaissent un grand succès tant auprès des milieux populaires que de la classe dirigeante, et O. Kuni est même appelée par le shogun à se produire dans son château à Edo. Pendant cette première partie de son existence, le kabuki est avant tout un divertissement scénique proposé par des courtisanes, une sorte de revue avec ses chants, ses danses et ses sketches offrant aux artistes la possibilité de faire valoir leurs charmes et d'assurer la clientèle de l'après-spectacle.

Finalement, en 1629, le shogunat interdit les planches aux femmes, vite remplacées par de jeunes éphèbes qui assurent des services du même ordre. Une vingtaine d'années plus tard, en 1653, ces derniers sont à leur tour interdits de scène, et le kabuki, désormais joué par des hommes adultes, contraint de renoncer à la parade de courtisanes et de travestis qui faisait son succès, se métamorphose peu à peu en un véritable art dramatique, sans perdre pour autant ses dimensions chorégraphiques et musicales. Répondant aux injonctions des autorités de présenter des « pièces d'imitation », le kabuki va bientôt se constituer un répertoire, dont les arguments sont, en un premier temps, volontiers empruntés au nô et au *kyôgen*.

Dès 1664, de véritables pièces en plusieurs actes font leur apparition, structure dramatique favorisée par une innovation scénographique capitale : le rideau ! Dès lors, le genre va s'affirmer sur tous les plans. Les salles se développent et perfectionnent leurs installations scéniques. Les pièces, d'abord plus au moins improvisées sur des canevas préparés par l'acteur-vedette en viennent à être confiées à des spécialistes, et, vers la fin de l'ère Jôkyô [1684-1688], le nom du librettiste [*kyôgen-tsukuri*] commence à figurer sur les affiches. Mais surtout, un véritable art du jeu se met en place, fondé sur la maîtrise technique et non plus sur les seuls charmes juvéniles : l'acteur, autour duquel va se réorganiser le kabuki, apparaît.

Deux styles se dessinent, à peu près simultanément, la « manière douce » d'Osaka [*wagoto*], et la « manière rude » d'Edo [*aragoto*]. Deux styles, deux superstars aussi, Sakata Tôjûrô [1647-1709] et Ichikawa Danjûrô [1660-1704]. Le premier, pour lequel travailla longtemps Chikamatsu, fait triompher avec son jeu délicat, quelque peu efféminé, cet emploi d'amant mélancolique, fils de famille pris dans une sombre histoire d'héritage ou de vengeance, trouvant un doux répit auprès d'une courtisane, qui séduit tant les audiences du Kansai. A ces héros alanguis, le public d'Edo préfère les prouesses éclatantes de Danjûrô, avec ses personnages plus grands que nature, ses poses grandiloquentes. C'est à cette manière que l'on doit les aspects les plus spectaculaires du kabuki : le *mie*, où l'expression se fige dans sa démesure; le *roppô*, cette danse frénétique s'adressant, comme le dit son nom, aux « six directions » ; les costumes flamboyants et le *kuma-*

dori, ce maquillage facial soulignant les traits d'un rouge, d'un bleu ou d'un noir vigoureux. Avec Yoshizawa Ayame [1673-1729], c'est le jeu de l'acteur spécialisé dans les rôles de femme qui quitte définitivement le simple travestissement pour atteindre l'art du *onnagata*. Présence essentielle, que la modernisation (le jeu mixte est légalement admis en 1890) échouera à chasser, le *onnagata* s'est imposé au cœur même de l'esthétique du kabuki.

Peinant pourtant à s'imposer devant un *bunraku* alors à son apogée, artistiquement supérieur tant sur le plan musical que dramatique, le kabuki résout le problème en adaptant au jeu de ses acteurs le répertoire des marionnettes, puis en intégrant dans ses propres pièces les leçons de cet art. Dès la fin du XVIIIe siècle, de nouveaux genres apparaissent avec les mélodrames fantastiques de Tsuruya Nanboku IV [1755-1829], l'auteur de *Yotsuya kaidan* [*Fantômes à Yotsuya*], puis ceux, plus réalistes, de Kawatake Mokuami [1816-1893], le « poète des voleurs », qui sait saisir sur le vif les mœurs populaires de la ville d'Edo, de ses quartiers chauds surtout, avec un art consommé de la scène et une poésie qui font de lui le grand dramaturge du XIXe siècle.

Malgré bien des moments difficiles, et toujours en butte aux mesures coercitives des autorités, le kabuki fut le grand théâtre populaire de l'époque des Tokugawa, en particulier dans les centres urbains où, parallèlement aux quartiers réservés auxquels il était resté d'ailleurs lié, il offrait aux marchands et aux artisans l'un des rares espaces de plaisir et de liberté tolérés par le régime shogunal.

Sous Meiji [1868-1912], il doit bien sûr faire face aux pressions des modernisateurs, mais il se trouve en position de force avec un public fidèle, nombreux et solidement organisé, avec ses grandes vedettes et aussi son quasi monopole des salles et des métiers du spectacle. L'évolution sera assez lente, affectant en premier lieu l'aménagement des salles, des horaires aussi avec l'installation des systèmes modernes d'éclairage, parfois du jeu avec une tendance générale vers un plus grand réalisme, accompagné d'un recul du merveilleux et du fantastique.

L'*establishment*, politique ou académique, le presse de se faire respectable, de quitter les lieux de mauvais aloi où il avait fleuri, autorisant les salles à retrouver les quartiers centraux dont elles avaient été chassées un demi-siècle auparavant, d'édulcorer et polir ses productions, de se débarrasser de ses outrances histrioniques, de sa fantaisie débridée et de ses séductions érotiques. On demande au kabuki de fournir aux classes dirigeantes un équivalent local de l'Opéra de Paris, un lieu de réunion mondaine où l'on pourrait convier sans rougir les dignitaires étrangers. Les courants de réforme obtiennent un certain succès, et les nouvelles salles, le Shintomi-za (1878), le Kabuki-za (1889), le Meiji-za (1893), et surtout le Théâtre Impérial (1911), s'efforcent, non sans une belle résistance du public populaire, de supprimer peu à peu l'atmosphère bruyante, festive, des salles d'Edo. Lettrés et universitaires se penchent sur cet art vulgaire, se rapprochent des acteurs, de ces « gueux des berges », jadis méprisés : ils conseillent, moralisent, évoquent les théories occidentales, et rêvent d'édifier sur les ruines du kabuki une grande forme nationale qui s'installerait au panthéon des arts, quelque part entre le théâtre élisabéthain et le classicisme français.

Malgré quelques tentatives, voire quelques réussites partielles, ils sont encore fort lointains de leur objectif quand des genres rivaux surgissent, à l'extérieur du monde fermé du kabuki. Vient d'abord le *shinpa* [nouveau courant], qui triomphe avec l'exaltation chauvine des victoires japonaises en Chine [1894], mais aussi avec des drames de mœurs tirés des scandales du jour ou adaptés des romans à succès. Genre techniquement bâtard, délibérement commercial, le *shinpa* cesse vite d'incarner la modernité pour se cantonner, vers les années vingt déjà, dans le mélodrame de Meiji. Le *shingeki* [nouveau théâtre], en retard d'un conflit sur le *shinpa*, apparaît aux lendemains de la guerre russo-japonaise (1904-1905), avec deux groupes qui se consacrent l'un et l'autre à la diffusion du théâtre européen : le Bungei kyôkai [Association des arts littéraires] de Tsubo.uchi Shôyô [1859-1935], le grand traducteur de Shakespeare, et le Jiyû Gekijô [Théâtre libre] que monte Osanai Kaoru [1881-1928] avec la collaboration d'un jeune acteur de kabuki, le deuxième Ichikawa Sadanji [1880-1940].

D'une certaine manière, l'apparition de ces nouveaux genres bénéficie au kabuki, car les exigences de modernité étant satisfaites ailleurs, il n'est plus contraint d'assumer à lui seul tout le théâtre. Il sait désormais qu'il n'en représente qu'une des options, mais aussi que, synthèse et développement d'expériences séculaires, il a atteint une sorte d'équilibre formel qui ne peut plus guère être « réformé », sous peine de se saborder. Avant même le début des années vingt, on parle déjà de le sauver!

Ainsi lentement parvenu au statut de grande forme classique, le kabuki a pourtant su retrouver, au cours de ces dernières années, avec ses jeunes stars, Tamasaburô, Ennosuke, Takao, une réelle popularité acquise non pas en s'évertuant d'actualiser son répertoire, mais au contraire en renouant avec sa tradition d'Edo, en réintégrant les éléments spectaculaires, les cascades, les changements à vue, les fantasmagories et les outrances, jusqu'au kitsch même de sa manière; en un mot, en revendiquant tout ce dont la modernisation avait voulu le débarrasser.

Dramaturges et répertoire

Pour assurer une production régulière de livrets, les grandes salles de kabuki d'Edo mettent en place, vers la fin du XVIIe siècle, le système des *sakushabeya*, ces loges d'écrivains où, sous la direction du maître [*tatesakusha*], apprentis et assistants rédigent le répertoire. Tenant compte de divers paramètres (tradition saisonnière, points forts des acteurs vedettes, goût du jour aussi, etc.), les responsables de la troupe choisissent avec celui de la loge des écrivains le sujet, ou plutôt le « monde » [*sekai*] de la pièce. Ce choix se fait à partir d'un catalogue relativement stable de situations et de personnages empruntés aux légendes, aux chroniques historiques, voire aux faits divers célèbres. Un réservoir thématique qui joue un rôle assez proche de celui qu'offraient aux artistes occidentaux la mythologie grecque, l'histoire romaine ou les Testaments. La valeur de la pièce n'est donc pas dans l'originalité de son sujet, mais dans la façon dont l'auteur, déployant son inventivité [*shukô*], apporte un plaisir neuf à un épisode connu de tous. Non seulement monnaie courante, emprunts et *remake* sont de règle et à chaque reprise, les livrets sont systématiquement remaniés pour être retaillés à la mesure de la nouvelle distribution.

Le thème établi, le maître, s'étant réservé les scènes importantes, attribue, selon leur rang respectif, les parties secondaires à ses collaborateurs. Au terme de cette première étape, le maître contrôle le texte, le soumet à l'approbation des stars de la troupe, puis le reprend afin d'effectuer les révisions demandées.

Ce n'est que tardivement, dans les dernières années de Meiji, que le système commence à se modifier et que des dramaturges travaillant indépendamment des troupes sont montés. A partir de l'ère Taishô [1912-1926], de nombreux écrivains, romanciers et dramaturges écrivant par ailleurs pour le théâtre moderne, comme Tanizaki Jun. ichirô ou Mishima Yukio par exemple, se plaisent à travailler épisodiquement pour le kabuki, constituant ainsi ce volet du répertoire connu sous le terme assez flou de *shin-kabuki* [néo-kabuki].

Le répertoire traditionnel est classé selon divers critères, fonction des sources, des thèmes ou des genres. Ainsi, on distingue les livrets empruntés au répertoire des marionnettes [*gidayû kyôgen* ou *maru-hon-mono*], comme la plupart des chefs-d'œuvre de Chikamatsu, ou le célèbre *Chûshingura* [*Le trésor des vassaux fidèles*], de ceux tirés du nô ou du *kyôgen*, les *nôtori-mono*. Vient ensuite la part du répertoire directement conçue pour le kabuki, avec les œuvres des grands dramaturges de la seconde partie d'Edo, de Nanboku à Mokuami. Enfin, à partir de Meiji, on pourrait ajouter les adaptations du théâtre occidental, comme de nombreux Shakespeare ou encore ce *Cid* transposé chez les *samurai* de Kamakura créé au Kabuki-za en 1911.

Sinon, on recourt, comme pour le répertoire du *bunraku*, à la distinction entre *jidai-mono*, les pièces « historiques », et *sewa-mono*, les drames « domestiques », ou « bourgeois », genres auquels il faut ajouter les innombrables *shosagoto*, courtes pièces jouées en intermède où l'élément chorégraphique domine largement. Au sens étroit du terme, les *jidai-mono* tissent leurs intrigues sur l'arrière-plan des batailles que se livrent les clans guerriers, de la fin du XIe siècle au triomphe des Tokugawa, à l'aube du XVIIe, alors que les pièces se déroulant à la cour impériale des époques Nara et Heian sont appelées *ôchô-mono*. Un troisième groupe rassemble, sous le nom de *o.ie-mono*, les pièces centrées sur les conflits qui déchirent les grandes familles, histoires de succession ou de vengeance. C'est l'occasion de rappeler que, comme sous les Tokugawa la présentation en scène de personnages appartenant aux classes dirigeantes était interdite, la plupart de ces pièces sont en fait des transpositions, parfaitement transparentes d'ailleurs, d'événements contemporains dans un passé lointain.

Dans le cadre général du *sewa-mono*, on peut également distinguer quelques sous-genres : les pièces se déroulant dans le quartier de plaisir [*keisei kyôgen*], caractéristiques du premier kabuki, et qui, entre-temps interdites, furent ensuite habilement intégrées dans les grands drames « historiques » ; les pièces de double suicide amoureux [*shinjû-mono*] dans lesquelles s'illustra Chikamatsu; les *kizewa-mono*, ces histoires, au réalisme souvent brutal, de spectres et de hors-la-loi qui firent la gloire de Nanboku ainsi que les « pièces de voleurs » de Mokuami, les *shiranami-mono*.

Sous Meiji, on assiste à la brève apparition de deux genres « réformés », le *katsureki-geki*, qui se propose de nettoyer le drame historique de ses fantaisies, et se veut fidèle reconstitution du passé, prêtant une attention minutieuse à l'authenticité des costumes, des armes, du langage ou de l'étiquette. Préconisé par les lettrés réformistes, ce genre fut ardemment défendu par l'acteur vedette de Meiji,

Ichikawa Danjûrô IX [1839-1903], dont seul le talent parvint, parfois, à faire passer la pauvreté théâtrale de cette nouvelle approche. Du côté du *sewamono*, la modernisation prit un tour plus plaisant avec le *zangiri-mono* [les pièces aux cheveux coupés], des mélodrames de la vie populaire de Meiji, insérant dans une dramaturgie traditionnelle toute la panoplie des nouveautés de l'époque, de la nouvelle coupe de cheveux qui lui donna son nom aux montres de gousset. Écrites pour l'autre grande star de l'heure, Onoe Kikugorô V [1844-1903], ces pièces sont presque toutes signées Mokuami, qui avait aussi, mais à contrecœur, travaillé au drame historique réformé de Danjûrô.

Les salles

Historiquement, les premières « salles » de kabuki ne font que reprendre le dispositif utilisé pour les nô dits de « souscription » [*kanjin-nô*], montés pour recueillir des fonds destinés à des œuvres religieuses, avec une scène de nô flanquée de tribunes provisoires. Pour mieux assurer la perception des recettes, cette aire est bientôt entourée d'une palissade qui, au fil des années, se transforme en cloison permanente. Dans la première moitié du XVIIe siècle, les théâtres se multiplient, mais bientôt les autorités interviennent : en 1653, seules quatre salles (plus tard, trois) restent autorisées pour la ville d'Edo, et des limitations similaires pèsent sur les centres du Kansai. Arrachant des concessions au régime, rusant avec ses interdits, les salles officiellement reconnues s'agrandissent, ajoutent de nouvelles galeries, et ayant obtenu, en 1724, le droit à une toiture fixe, finissent par devenir d'imposantes structures pouvant abriter un nombre considérable de spectateurs (on estime que les grandes salles d'Edo, dans la première partie du XIXe siècle, accueillaient, en les tassant quelque peu, plus de mille cinq cents personnes).

L'espace de jeu se libère de celui du nô : le plateau s'agrandit, multiplie les structures menant les acteurs au sein de l'audience avec le *tsukebutai* [proscenium], puis le *hanamichi* [le chemin aux fleurs], qui, en traversant le par terre, lui donne une fonction qui n'est plus celle de son ancêtre, le *hashigakari* du nô. Cette voie royale a son point privilégié, le *shichi-san* [7/3], aux deux-tiers environ du parcours, où les personnages principaux, surgissant parfois d'une trappe [*suppon*] ménagée là, signent leurs entrées et leurs sorties d'un morceau de bravoure — danse, pantomime ou monologue — et savourent l'accueil que leur ménagent les spectateurs. Le succès de ce dispositif entraîne l'édification, selon les besoins de la pièce, d'un second *hanamichi* qui, installé symétriquement au premier, permet aux acteurs de s'interpeller par-dessus le parterre. Si l'on ajoute l'utilisation scénique d'une passerelle reliant, au fond de la salle, les deux *hanamichi*, ainsi que le balcon qu'on dresse parfois sur le plateau même, au jardin [*rakan-dai*], pour y entasser les spectateurs désargentés, on imaginera à quel point le kabuki d'Edo plongeait son spectacle au sein même de l'audience.

La machinerie aussi se développe considérablement avec ses trappes, monte-charges, scènes tournantes, décors pivotant sur eux-mêmes, ou ses mécanismes pour les vols et les gloires. Cet essor finit par entraîner la suppression de la toiture du nô, avec ses quatre piliers, pieusement conservée jusqu'alors, mais qui, après que le Miyako-za en eut pris l'initiative en 1796, disparaît rapidement des plateaux.

La partie musicale, indissociable de l'art du kabuki, est assurée par un « orchestre » installé sur la scène, au jardin, dans une construction [*geza*] dissimulée aux regards du public par des stores de jonc. Outre les cordes (*shamisen* et *kokyû*), cet ensemble dispose de flûtes, de toute une gamme de percussions, ainsi que d'instruments divers lui permettant de s'acquitter des bruitages et des effets sonores dont il a charge. Pour les livrets empruntés au *bunraku*, ou s'en inspirant, une estrade [*yuka*] destinée au récitant, et aux musiciens de *shamisen* qui l'accompagnent, est dressée à la cour.

La modernisation de Meiji affecte davantage l'aménagement des spectateurs que la scène, encore que la séparation entre l'aire de jeu et l'audience, tout en restant moindre qu'en Europe, se soit creusée. On a ainsi rétabli la frontalité de l'immense plateau au cadre panoramique [27,6 m x 6,4 m, avec une profondeur de 20,6 m pour le Kabuki-za actuel] que désormais seul le *hanamichi* principal vient rompre, car, malgré son efficacité scénique, le second n'est dressé qu'exceptionnellement, les gestionnaires des théâtres répugnant à lui sacrifier quelques fauteuils.

La représentation

Au cours de l'époque d'Edo, les programmes étaient liés à divers fêtes saisonnières au rythme desquelles ils se renouvelaient : le *kaomise* au onzième mois, où la troupe présentait les acteurs recrutés pour la nouvelle saison ; le *hatsuharu kyôgen*, pour les célébrations de la nouvelle année ; le *satsuki kyôgen* au cinquième mois, le *Bon kyôgen*, en été, coincidant souvent avec les fêtes de Tanabata [les retrouvailles du Bouvier et de la Tisserande] et le *aki kyôgen*, lors de la fête des chrysanthèmes, entre le neuvième et le dixième mois.

Avec une pièce de chaque genre, un *jidai-mono* suivi d'un *sewa-mono*, le tout agrémenté d'intermèdes et de numéros de danse, la représentation occupait, avec ses longs entractes, la journée entière. Naturellement, les spectateurs n'étaient pas cloués à leur fauteuil, comme la modernisation finit par l'imposer, mais circulaient sans gêne, se rendant dans les maisons de thé attenantes, consommant dans les espaces collectifs où la plupart étaient installés, loges ou boxes conçus pour quatre ou six personnes.

La vie moderne a eu raison de tout cela, et aujourd'hui les représentations, considérablement écourtées, présentent soit une grande pièce dans sa version intégrale, soit un certain nombre de morceaux choisis, et, depuis Meiji déjà, les programmes sont renouvelés chaque mois.

JEAN-JACQUES TSCHUDIN

BIBLIOGRAPHIE SOMMAIRE

PRÉSENTATION GÉNÉRALE

R. SIEFFERT & M. WASSERMAN, *Arts du Japon : théâtre classique*, POF, 1983.

Y. INOURA & T. KAWATAKE, *The Traditional Theater of Japan*, Tôkyô-New York, Weatherhill, 1981.

NÔ ET KYÔGEN

La tradition secrète du nô (les traités de Zeami, traduits et présentés par R. Sieffert), Gallimard, 1960.

S. GIROUX, *Zéami et ses entretiens sur le nô*, POF, 1991.

Nô et kyôgen (50 nô/40 kyôgen), R. Sieffert trad. POF, 1979.

A. TAMBA, *La structure musicale du nô*, Klincksieck, 1974.

KABUKI ET BUNRAKU

a) Études

J. BRANDON, W. MALM, D. SHIVELY, *Studies in Kabuki : its Acting, Music and Historical Context*, Honolulu, University Press of Hawaii, 1978.

E. ERNST, *The Kabuki Theatre*, Honolulu, University Press of Hawaii, 1974 (édition révisée).

P. FAURE, *Le kabuki et ses écrivains* (avec une traduction de *Izayoï et Seishin* de Kawatake Mokuami), L'Asiathèque, 1977.

D. KEENE, *Bunraku : the Puppet Theatre of Japan*, Tôkyô, Kôdansha, 1965.

W. Malm, *Nagauta : the Heart of Kabuki Music*, Tôkyô, Tuttle, 1964.

b) Traductions

Chikamatsu : les tragédies bourgeoises (R. Sieffert trad.), POF, 4 vol. 1991-1993.
Kabuki : Five Classic Plays (J. Brandon trad.), Cambridge (Mass.) Harvard University Press, 1975.
Le mythe des 47 rônin (présentation et traduction de R. Sieffert et M. Wasserman), POF, 1981.
Major Plays of Chikamatsu (D. Keene trad.) New York, Columbia University Press, 1961.

DU MÊME AUTEUR

BERTOLT BRECHT OU LE PETIT CONTRE LE GRAND, Aubier-Montaigne, 1981 (prix de la Critique dramatique).

LE THÉÂTRE, SORTIES DE SECOURS, Aubier-Montaigne, 1984 (prix de la Critique dramatique).

MÉMOIRES DU THÉÂTRE, Actes Sud, 1987.

LE ROUGE ET OR. LE THÉÂTRE À L'ITALIENNE, Flammarion, 1989.

PETER BROOK. DE *TIMON D'ATHÈNES* À *LA TEMPÊTE*, Flammarion, 1991.

Ouvrages dirigés

BROOK, LES VOIES DE LA CRÉATION THÉÂTRALE, Vol. XIII, Éditions du CNRS, 1985.

YANNIS KOKKOS, LE SCÉNOGRAPHE ET LE HÉRON, Actes Sud, 1989.

OPÉRA, THÉÂTRE, UNE MÉMOIRE IMAGINAIRE, Éditions de l'Herne, 1990.

TADEUSZ KANTOR, L'ARTISTE À LA FIN DU XXE SIÈCLE, Actes Sud-Papiers/Académie expérimentale des théâtres, 1990.

RYSZARD CIESLAK, ACTEUR EMBLÈME DES ANNÉES SOIXANTE, Actes Sud-Papiers/Académie expérimentale des théâtres, 1991.

ANTOINE VITEZ. LE THÉÂTRE DES IDÉES (édité avec Danièle Sallenave), Gallimard, 1991.

Composition Eurocomposition.
Impression S.E.P.C. à Saint-Amand (Cher),
le 21 avril 1993.
Dépôt légal : avril 1993.
Numéro d'imprimeur : 1087.
ISBN 2-07-032772-8. / Imprimé en France.

63666